創意式 遊戲治療
心理創傷兒童及青少年的輔導

Creative Interventions For
Troubled Children & Youth

Liana Lowenstein　　著

王晧璞　　譯

CREATIVE INTERVENTIONS
FOR
TROUBLED CHILDREN & YOUTH

LIANA LOWENSTEIN

本書獻給……

　　謹以本書獻給所有必須面臨困境的孩子。這些年來，我與這些孩子們一起成長，他們都各有著極大的困擾，可是我總為他們的調適能力感到訝異。這讓我想起一首耳熟能詳的兒歌，因我發現孩子們其實就像歌曲裡面的蜘蛛一樣，有著無限的潛力，能夠迎向生命中的挑戰：

　　看哪！小小的蜘蛛從水管裡探出了頭；
　　沒想到大雨一來，小蜘蛛又被沖進了水管。
　　接著太陽出來了！溫暖的太陽一掃先前的陰霾，
　　看哪！小小的蜘蛛再次從水管裡面探出了頭！

【目錄】

Contents

作者簡介

Liana Lowenstein

　　本書作者在加拿大多倫多是一位合格的社工，並擁有遊戲治療指導師執照，長期以來，以私人執業的方式為各種受到情緒創傷的兒童提供治療及評估服務。除此之外，她以兒童創傷及遊戲治療為主題，在全世界各地開設課程。她也是加拿大兒童及遊戲治療協會的教學成員之一，專門為人類心智健康議題相關的從業人員提供諮詢服務。她同時也是諸多期刊論文及書籍的作者。

譯者簡介

王晧璞

　　本書譯者最高學歷英國牛津大學教育所碩士。

　　除身為長期教導各種年齡層、任職公私立機構的英語語言學習講師之外，也從事各種中英、英中互譯的翻譯工作，並曾經擔任國際航線空服人員及外商公司總經理特助、國立教育廣播電台英文新聞主播及編譯；同時，她也是英語學習叢書及中文散文書籍的作者。基於對學生、一般人的慈悲心的陶冶，陸續自臺灣偏鄉至東南亞及非洲地區落後國家地區，進行偏鄉社群生活提升工作，從而接觸財富管理處理不同人群財務管理議題。

　　不論處理先進國家人士或落後國家人士相關議題，其目標均為開發人們潛力，引發各界互助合作，迎向自我及世界的更大格局。譯者過去階段之部落格網址為http://wanghaopu.blogspot.com/；現今更為凝聚國際服務等相關工作的部落格網址為http://cupinhope.blogspot.tw/。

誌　謝

　　對於那些在臨床經驗中所接觸的兒童所給予我的溫暖和靈感，我有著無限的感激；因為他們給予我的啓發，才有了此書的誕生。

　　我要感謝所有我曾經共事過的同僚，他們的聰明才智給予我許許多多寶貴的學習。我要謝謝在多倫多受虐兒中心（Toronto Child Abuse Centre）、傑若米戴蒙青少年中心（Jerome D. Diamond Adolescent Centre）、SAFE-T Program這些地方的兒童、他們的家長、員工，以及我的同事們。我要特別感謝Marilynn Lay，她不但是一位好友、我的啓發者，也是一位優秀的執業者。不幸的是，她在我們共同完成了 *Paper Dolls & Paper Airplanes: Therapeutic Exercises For Sexually Traumatized Children* 這本書之後，因為癌症而與世長辭。

　　我要對Monty Laskin、John Pearce和Michael Burns等人致上由衷的謝意，他們毫不保留地為本書的初稿提供意見。我也非常感謝Amy Marks、Melissa Collins、Francine Goodman及Susan Greenbloom，他們在本書仍處雛形階段時，仔細閱讀內容，並且提供意見、建言及鼓勵。同時感謝Susan Code有效率並專業地校對本書。

　　在獨立出版的作業方面，我要感謝書商Parentbooks的Bill Elleker、Patti Kirk，以及Source Resource的Mary Derouard，他們提供我很好的想法與執行計畫。

　　我同時要感謝以下公司：Hasbro Incorporated、YES! Entertainment Corporation、P & M Products Limited、Sony Music及Nestlé Canada，他們願意讓我將他們的商標產品標示於本書之中。

　　最後，我要感謝我的家人和朋友們；在本書的寫作和出版過程中，他們給了我支持及鼓勵。

譯者序

　　非常榮幸透過心理出版社的協助,本人能夠翻譯Lowenstein女士這本極富興味的書籍。

　　身為一位語言教學工作者,並且經年在各種不同年齡層的學習者身邊工作,我深知哪怕是單單一堂的語言教學,班級經營都相當重要。而班級經營的成功,來自於對學生性情的掌控,但是現代社會已經造成了太多在情緒上不穩定——甚至是脆弱易感——的孩子,增加教學的困難度。不難想像的是,當孩子們在學習上遇到困難時,如果不能疏通其背後的心理壓迫,他們將成為不快樂的人;當不快樂的人一多,這個社會就成為一個病態的社會了。我常想,這也許就是為什麼我在成人的班級裡面,比較少看到自由自在願意發揮自我的學生的原因;畢竟因為文化上面及成長上面的壓抑,使得許許多多的朋友們在現實環境當中必須妥協,失去熱力。

　　本書是從諮商及心理的角度切入,來輔導情緒受創的孩子,但是在我看來,它比一般專注於理論的書籍,多了更加豐富而完整的色彩。為什麼呢?因為它有遊戲!而且本書是由一個接著一個、幾乎玩不完的遊戲所組合而成的。科學家早有研究,遊戲刺激大腦,兒童自動投注在遊戲上面的時間,是一般動物的數倍之多,兒童這樣的選擇並非憑空而來,他們是在訓練自己面對現實生活的挑戰。實驗也證明不喜歡遊戲的小動物,社交行為薄弱,並且懶惰、早衰。再者,任何一個語言學習者都知道,如果有了遊戲的成分,教室就充滿了歡樂,而在輔導的場域上面,又何嘗不是如此?透過一點點歡樂的成分、透過一點點舒緩的因子,一個受困的心靈可能得以釋放,所以本書的誕生,真是一個無形的寶藏!

　　最奇妙的事情是,當身為一位語言教學者的我,看到了這些遊戲,不由自主地將它們在經過修改之後,使用在我的語言課堂中,並且看到學生的學習成果時,我深深感到所有的學問其實只有四個字可以形容:殊途同歸。唯有當學習者的身心都獲致良好的照護,他們的學習效果才能得到最大的發揮;也就是這樣的信仰,驅使我來譯介本書,還望各界予以支持、鼓勵、指教。

　　生命是無限美好的,希望任何一個受困擾的心靈,都有破繭而出的勇氣;也期望任何一個受困擾的心靈,都有幸遇見那把智慧的鑰匙,開啟心靈的枷鎖。

王晧璞　謹識　2008年冬

活動總表

活動名稱	主題	年齡	治療模式
送個尾巴給驢子	評量	4-10	團體
我的小小世界	評量	4-12	個人，團體
坐立難安	評量	7-12	個人，團體
小黏點	評量	7-16	個人，團體
拼圖	評量	7-16	個人，團體
生活裡的快樂和悲傷	評量	7-16	個人
「燙手山芋」遊戲	感覺的辨識及表述	4-10	團體，家庭
「糖果園」遊戲	感覺的辨識及表述	4-12	個人，團體，家庭
手指彩繪	感覺的辨識及表述	4-16	個人，團體，家庭
籃球	感覺的辨識及表述	7-16	個人，團體，家庭
情感抒發	感覺的辨識及表述	4-16	個人，團體，家庭
感覺圈圈叉	感覺的辨識及表述	7-16	個人，團體，家庭
填充玩具	感覺的面對及處理	4-10	個人
黏土	感覺的面對及處理	4-10	個人，團體，家庭
「煩惱」遊戲	感覺的面對及處理	7-16	個人，團體
實在太多了	感覺的面對及處理	9-16	個人，團體，家庭
飛鏢	感覺的面對及處理	9-16	個人，團體
安慰包	感覺的面對及處理	12-16	個人
魔毯之旅	社交技巧	4-7	團體
請聽我說	社交技巧	4-12	個人，團體
擁抱	社交技巧	4-12	團體，家庭
堆積木	社交技巧	7-16	團體，家庭
「笨蛋，小矮子，迪威」糖	社交技巧	7-16	團體
友誼手鍊	社交技巧	9-16	團體
當一天的國王或皇后	自信	4-10	團體，家庭
笑容滿面	自信	7-12	個人，團體，家庭
歡天喜地	自信	7-16	團體，家庭
「完美」遊戲	自信	7-16	個人
彩虹的那一頭	自信	7-16	個人，團體，家庭
你就是英雄	自信	9-16	個人，團體，家庭

概說

在你九歲當事人的成長過程中，一直目睹著父母的無盡爭執。在治療過程中，他非常安靜而且充滿防衛。

你十二歲的當事人最近因為父親對她的性侵而開始了一連串治療，可是對於治療，她相當排斥而且充滿質疑。

你六歲的當事人是一位從戰爭地區前來的難民，在治療過程中，她顯得悶悶不樂而又憂鬱。

你十六歲的當事人才剛剛從吸毒勒戒所出來，對於治療，他顯得憤怒及抗拒。

雖然這些兒童及青少年在他們個人的經驗當中掙扎，並且因為這樣的掙扎，對於治療有著抗拒的心態，但是他們都有一個特質：他們需要你的了解！許多心理及輔導人員發現，以活動為主軸的治療方法不但吸引人，而且在活動的快樂氛圍中，兒童及青少年更加願意接受治療。所以，充滿創意性質的治療方法往往比單純的談論和對話，更能引發兒童及青少年接受幫助的意願。

本書為心理創傷的兒童及青少年設計一連串的不同方法。相關從業人士如果希望讓兒童及青少年有參與治療的意願，則必須將視野超出於兒童及青少年的反抗之上，以創意為出發點。

關於本書

針對兒童及青少年心理狀況做諮商輔導的專業人士，會希望在治療過程中，不斷地加入創意的因子。本書為兒童及青少年彙總了各類治療活動，並且可以個人、團體或家庭諮商的方法進行。我使用了一般人所熟悉且吸引人的遊戲活動，像是玩具、下棋、故事、勞作等等，並且將它們改變成具有治療的功效，來減低威脅感，以鼓勵兒童接受治療。這些經過設計且有組織的活動是為廣大的個案案主所設計，治療的兒童及青少年可以是身處家暴、離婚、悲傷及失落、身染痼疾、遭受虐待、憤怒控制不當、寄養家庭等等的個案。

從事此方面工作的專業人士來自社會工作、心理、兒童及青少年諮商、行為矯正服務、兒童精神病學等不同領域，而不論這些人士來自於何種領域，本書都是一本值得參考的利器；本書的活動適用於各種不同場景，如兒童心理健康中心、醫

院、兒童福利機構、兒童庇護所，以及學校。

　　使用本書的專業人士應以充足的專業知能作為後盾，擁有學理及實務的雙重經驗，並應有下列各方面的知識：兒童發展、心理病理學、兒童管理、藝術及遊戲治療，以及團體諮商。本書在最後附有參考文獻，適合希望自我充實的個人或團體參考之用。

　　本書分為評量、感覺的辨識及表述、感覺的面對及處理、社交技巧、自信五個章節。本書一開始就有六種評量活動，用以評量當事人現狀，並為後續治療手法做準備；然而，這些評量活動並非完整的評量系統，但可作為治療師目前所有的評量模式中的一環。

　　另外四個章節則提供兒童掌控情緒及行為能力的活動，這些活動可以成為諮商活動，讓兒童及青少年了解他們目前的感覺、面對情緒上面的困難、加強人際關係技巧，並且增進自信。每一章均有各種不同的活動，使用本書的專業人士可以選擇符合他們當事人所需的活動來使用。本書最後的部分提及結業式，而結業式可代表兒童治療階段告一段落。

　　每一個活動都標明了建議年齡層、治療模式、治療階段等等，所需的工具也都一一列出（本書後方附有何處可取得各輔助工具的細節）。數個附上了工作單的活動，可在面對當事人狀況時，重複利用。本書對所有活動均列有詳細的進行方式，並有「討論」的部分得以進一步澄清使用方法及其過程。

　　本書不但對活動有詳盡的描述，且可以視專業人士的需要而改變，以因應當事人所需。創意和彈性是我所想強調的重點，經過修改的活動，可能會使兒童更願意接受治療，達成治療的目的。

　　有些活動適用於個人，有些則適用於團體，還有一些可以使用於各種不同型態，並且可以經過修改，而團體活動則可以使用在家庭或多個家庭的治療過程。對於那些主要使用於個人或團體的活動（而非在家族治療之情境當中），治療師可以考慮讓兒童的照顧者及社區裡的人士來參與該名兒童的治療過程。但不論如何，我個人相信一個治療療程的有效與否，端視該治療過程是否充滿了系統式的方法；因此，治療師應做最大的努力，讓兒童周遭的人來參與其治療過程，如此才能夠針對當事人的參與度、溝通、私密性等等各方面，做周延的安排。

　　每個活動都設定有適宜的年齡範圍，但在發展上較為晚熟或有學習障礙的孩子，可能無法對任何一個活動有適宜的反應，假若情況如此，則活動便必須修正至

能夠符合個案的需要為止。

　　雖然活動是以「兒童」來書寫，但是許多活動的適用年齡層是青少年，本書不斷說及「兒童」的原因是：如果不停地重複「兒童及青少年」，畢竟顯得繞口了一些。

活動的選擇及使用指南

　　與治療相同的是，有幾項是使用本書活動所應注意的重要環節：

✿ 以學理為本

　　治療師在以本書的活動為兒童進行治療以前，應該有充分的學理基礎作為後盾；治療不能忽略臨床上的理論。本書的活動均可以充分與遊戲治療的學理相結合。例如，治療師如果熟知完形治療及其行為主義理論，或以心理動力為主的遊戲治療，就會發現本書的許多活動與上述學理互有關聯。

✿ 了解對象

　　有些孩子的表現會比他們的同年者幼稚，這可能是來自於情緒、行為或認知上的發育不全，所以，在治療之前，兒童的成熟度應被審慎評估。同理，兒童的理解能力及其情緒可以忍受的限度，均應被視為治療計畫中的一環。兒童的興趣及能力亦應被考量，如此才能確保為其治療而選定的活動適合於他本人的能力，也符合其動機。假若活動被使用於團體或家庭的範疇，則應該對應到每個家庭成員的需要和功能。

✿ 符合當事人治療所需

　　整體性的完善評估能夠為治療的完整性奠定良好的基礎。在治療計畫裡，將會設定目標，而選定的活動應與兒童的治療目標相符，並應視為達成這些目標的工具。最終，治療的目的是為兒童提供一個正面及正確的情緒經驗。

✿ 選擇正確活動

　　治療分為三個主要階段。起初，治療師和兒童應建立互信互諒的關係；其次，兒童和治療師的互動使兒童知道他在進行治療；最後的階段是讓孩子了解自己的進步，和準備治療終止的過程。治療師所選定的活動必須配合當時的需要，並且應該

有一定的連貫性。一開始的活動應該有較高的活動性質,接著才能循序漸進地安排較有情緒渲染力的活動,而最後的活動應該要能夠檢測兒童的學習狀況、鼓勵其獨立性,並慶祝其進步。注意:為使每一位讀者都能選出適合不同兒童的治療方案,本書第二至五章的每一個活動,都已指出應該使用的治療階段為何。

✿ 事先準備

在使用任何評量及治療活動時,治療師應進行審視活動、蒐集工具與事前規劃等準備步驟。治療師應思考該活動是否可在諮商室中使用,以及時間長短是否可行。治療師對於兒童常常難以預測的本質,應謹記在心,並且推演兒童針對某個活動的可能反應方式。假若治療師本身並無自信能夠將活動用在被治療者身上,則可與同事先行練習。然而,不論準備得如何,不可預期的情況依舊會發生,因此臨場反應和合宜的調整是必要的。

✿ 謹記所有的活動階段都有初階、中階,以及末階之分

當要施行一個活動的時候,首先要考慮它應當如何被引介給兒童,治療師之熱情、創造力與整體特質將成為孩童對於活動是否感到有趣並願意參與的重要關鍵。當孩童愈來愈融入及做好準備時,較為深層之課題可以被技巧性地探索及處理。當活動完成並有效推動時,治療師可對這已結束的課題,為孩童提供正面回饋,並且為活動畫上完美的句點。

除了考慮該如何介紹、處理,及在一特定時點將活動結束之外,治療師亦應考慮活動在結束之後對於其當事人的影響為何。雖然有些活動是為讓議題及感覺浮出檯面,但也應該確保兒童在結束活動之後,不會感到過度緊張或缺少強而有力的後盾。

✿ 訂定限度

治療如果缺少範圍的控制,會使兒童過於驚慌,並增加焦慮,因此,應當設定必要的限度。限度的本質與其密集性可視孩童的自我控制能力而定,同時也須參考其面對此種限度的反應。

❀ 不強迫兒童參與活動

遊說兒童參加治療活動只會加強他的緊張感和反抗心理，以兒童的步調前進是很重要的，並應該以和其興趣、能力、情緒準備度相符的設計，來創造和使用某種活動。假設已對兒童目前的情緒變化有所掌控，而該名孩童仍然呈現反抗心理，那麼，也許這個活動不太適合這名孩童，這時，活動就應該有所改變，以符合孩童的需要。

❀ 懷疑時，應以過程為重點

就算是最有經驗的治療師，也有停滯不前的時候。發生這樣的狀態時，焦點應該放在治療過程的本身，而非對話內容或現在處理的問題。如此一來，兒童可以針對互動型態而非該活動之特別主題來做經驗回溯。舉例而言，可以詢問兒童他較喜愛以何種方式來進行治療，或當被問到問題的時候，他的感覺如何；兒童回答時，應以確認、正常化或反映式的意見為主。

❀ 聆聽

兒童常常感到自己被忽略或缺少他人的傾聽，治療師的工作便是扮演聆聽者的角色，並且讓兒童覺得自己所說的話舉足輕重。在活動中，應注意兒童口語或非口語訊息的傳達，並應確認治療時的中心人物是兒童，而非治療師本人。治療師亦應當惜話如金，即使在雙方都靜默的階段，仍應如此。傾聽的技巧不但在治療階段相當重要，並且可以成為兒童傾聽他人的典範。

❀ 切勿低估治療師與個案間所建立的關係

不論所運用的活動為何，治療師與個案間的關係對於個案在治療目標的理解上，是處於中心地位的。治療師和個案之間所建立的良好互動，將有助於治療目標的達成。要在治療過程當中培養正面的關係，便應建立一個充滿安全感的環境，在當中，孩子才能產生被接納、了解及尊重的感覺。同樣的，治療師在進行兒童的活動時，必須具備應有的敏感度，這樣，兒童才不會感到自己被他人所評判。

❀ 體認活動僅為當事人整體治療計畫中的一部分

許多接受治療的兒童都面臨著諸多棘手的問題，因此，他們需要的是包羅萬象

而層次多元的輔導方法。個人、團體或家庭諮商均可為兒童治療計畫的一部分，同時，更多的輔導介入也許方能探得兒童的問題所在。舉例而言，較為缺乏自信的兒童可能在參與加強他們的力量及才藝的娛樂計畫之中獲益。一般而言，我建議的是結合各種面向而又有系統的治療手法，此手法可能涵蓋了多元的諮商型態和其他輔導介入方法。

❋ 謹記過程比結果更為重要

本書以遊戲為主的活動使治療師和兒童均得以享受治療，並將其過程及其他治療目的拋在腦後，因此，治療師應將這些活動視為以治療方式來治療情緒受創兒童的媒介。不論如何，應為兒童設計一個有遊戲感的氛圍，但是必須小心翼翼、全面並以專業人士的敏感度來進行這些活動，尤其應永遠以掌握兒童的治療目標為主。

以活動為治療方法的主因

本書是為希望使用有系統而直接的治療方法的專業人士所設計，雖然，其他非遊戲治療的手法在傳統上被視為能協助兒童處理未解決的衝突的法門，但是遊戲治療卻為孩童提供了一個具體的方法，來促進敞開心胸的可能性，並且引導兒童更進一步邁向需要接受治療的項目。以較為溫和卻更為直接的方式，讓兒童的問題得以抒發，且讓兒童知道他們的問題並不丟臉，而是值得探討的。

本書具創造力和想像力的組織型活動、遊戲等內容，對於兒童來說是娛樂、遊戲和享受的來源。這些直接的活動就像催化劑，能夠捕捉並且支撐兒童的興趣及想像力，診斷及評估其所面臨的問題，並在如洞察力、自我表達、人際關係、溝通、自信等等各種不同的方向上，增加其能力。

在直接且富指導性的遊戲治療架構下，不同的技巧可以交互使用，這些包括遊戲、表現藝術、角色扮演、音樂治療，以及說故事等等。本書的活動乃以孩童為中心所設計，貼近兒童的需求，因此能夠引導出正面的治療經驗。我希望這些活動可以在你為他人從事治療工作時，提供無限的靈感。

第一章
評量

　　每一位有情緒困擾的孩子，都有其獨一無二的情感、認知，及行為上的不同層面。許多兒童無法正確表述其目前所面臨的困境，因為他們不願對他人訴說自己本身的問題，同時，治療上的種種步驟令他們產生焦慮；此時，若以實用而具遊戲性質的活動介入，可降低兒童的抗拒心理，並協助他們表達他們的想法及感受。

　　評量階段是介入過程中極為重要的一環，因為它是有效治療計畫的基準。一個完整且全面的評量應當檢視以下幾個重要的部分：孩童目前生活上的壓力、家庭及同儕關係、面對問題的技巧、可尋求的協助，以及自我認知方面的問題。本章的評量活動可視為檢視這些重要指標的工具，但這些活動並不構成全面而完整的評量，而應該與治療師目前使用的評量標準相輔相成。所以，由本章所選取的活動可加入其他評估資訊、家庭訪談、附帶報告，以及診斷方法等，以便於評估兒童及其家庭狀況，並得出正確而理想的治療目標。

◆ 送個尾巴給驢子 ◆

> 主題：評量
> 建議年齡層：四至十歲
> 治療模式：團體

目　標

1. 評量目前問題及形勢
2. 評量同儕間之互動
3. 促進情緒表達

工　具

- 「送個尾巴給驢子」遊戲
- 眼罩
- 膠帶
- 問題（見附件）
- 索引卡
- 一個裝有糖果或貼紙的袋子

事前準備

　　將任何與生日有關的主題由「送個尾巴給驢子」遊戲中移除，將遊戲貼在孩童能搆得到的牆上或門上，將後面所附的表格上的問題抄在索引卡上（或影印後裁下再貼上索引卡）。注意：可視兒童年齡層及評量方向的不同，來決定該提出的問題有哪些。

進行方式

　　先詢問小朋友是否玩過「送個尾巴給驢子」的遊戲，應向不太清楚該遊戲的孩子解說遊戲方法，至於那些已經玩過的，則應告訴他們這次他們將以下面所述的不同方式來玩遊戲：

選出第一個先開始的人之後,這位小朋友會拿到一個紙製尾巴,後方有個膠帶黏貼著(遊戲應以黏貼這種尾巴為主)。活動帶領人將這第一位小朋友的眼睛遮起來,讓他繞著圈圈自轉兩圈,並且協助他面對貼在門上或牆上的「送個尾巴給驢子」的遊戲板,這位小朋友接下來應將驢子尾巴貼到遊戲板上,而且必須第一次就貼上去;假設無法順利將尾巴貼上去,這位小朋友就必須抽出一張索引卡,並且回答上面的問題(活動帶領人可將題目大聲唸讀給大家聽)。第一位小朋友回答完畢之後,其他的小朋友們也必須輪流回答同一個問題。相反的,假設這位小朋友第一次就把尾巴黏到驢子身上,那麼他就可以由那個裝有糖果或貼紙的袋子中,取出糖果或貼紙送給所有的小朋友們。此遊戲以此類推,直到所有的小朋友們都輪到、所有的問題都回答完畢為止。

於遊戲進行當中,應鼓勵參與遊戲的小朋友們進行討論,活動帶領人可以索引卡上面問題為出發點,協助兒童談論他們所關心的議題。

討 論

由於小朋友們通常認為「送個尾巴給驢子」是個有趣的遊戲,因而使得他們的參與度高,並且對他們不具有威脅性。活動當中並有足夠的機會得以蒐集評量資訊,觀察團體動力,及增進同儕情誼培養技巧。然而,由於本活動與遊戲相結合,致使遊戲在興味過高的情況下,極易喪失治療的功效。活動帶領人因此扮演了重要的角色:鼓勵參與者以趣味的方式進行活動,同時增進兒童在特定議題上的口頭表達。

問題
送個尾巴給驢子

發生在你身上最棒的事情是什麼？

請說說你最喜愛自己的三個地方。

什麼會令你沮喪？

你認為你的家庭當中最棒的地方是什麼？

你最希望改變你家庭當中的什麼？

你最煩惱的事情是什麼？

請描述一個你做的錯事或者不好的事情。

請描述一個你因為沮喪而哭泣的事情。

你最常想的是什麼事情？

如果可以成真，你會許下哪三個願望？

◆ 我的小小世界 ◆

主題：評量
建議年齡層：四至十二歲
治療模式：個人，團體

目 標

1. 評估家庭成員關係及可尋求之支援管道
2. 促進情感的口語表述

工 具

· 「我的小小世界」工作單（見附件）
· 四種貼紙（例如：心形、蜜蜂、蜘蛛、玩具熊）
· 紙及各種不同貼紙以製作貼紙簿（此為遊戲結束時的自由選取活動）

事前準備

工作單須足夠全體成員使用。

進行方式

治療師以貼紙吸引兒童對於此遊戲的注意，並詢問兒童是否喜愛貼紙（兒童多半會對貼紙顯現高度的熱愛）。接著，治療師必須告訴兒童：他應使用不同的貼紙來顯示他對於生活中不同人們的感覺。接下來，治療師引領兒童進行以下活動：

請先把對你最重要的人的名字寫在這個「我的小小世界」的圖片上，把不同人的名字寫在不一樣的區塊裡。你可能會希望放上以下的人：爸爸、媽媽、繼父或繼母、養父或養母、兄弟姊妹、叔叔或伯伯或姑姑或阿姨、堂表兄弟姊妹、治療師、團體活動帶領人、社工人員、輔導人員、教師、醫生、警察、律師、保母、教練、宗教領袖、朋友，或者寵物。

接著，請用貼紙來顯示你對這些人的感覺：

心形貼紙表示你所喜愛的人。

蜜蜂貼紙代表的是令你生氣的人。

蜘蛛貼紙表示這個人令人害怕。

玩具熊貼紙表示這個人能夠幫助你。

注意：假若這個遊戲的對象是較為年幼的兒童，則應該在以上的指示方面，使用正
　　　確的、合於他們年齡層的語句表達，可以在一開始就以舉例的方式，使兒童
　　　能夠了解某種概念及感覺。

　　當活動進行到尾聲，治療師可以用問答題來了解兒童其他更為深入的想法，例
如：「能不能告訴我，為什麼會把蜘蛛貼紙放在爸爸的格子裡呢？」或者「我看到
你把玩具熊貼紙放在姑姑那一格，那她應該幫了你很多忙是不是？她怎麼協助你
呢？」以這個部分當作一個活動總結，兒童可以將自己所貼的貼紙做成一個貼紙簿
帶回家。

討　論

　　這是一個能揭示兒童的感覺及所關心事項的具體活動，由此，他們才能夠被了
解、討論以及治療；同時放入舒服及不舒服的感覺，是為了提供平衡感。在整體活
動的進行過程中，治療師得以鼓勵性及反思性高的評語，刺激兒童在回答問題上的
開放度。

　　此活動適用於初階介入治療，因它可被當作評量、辨別及應對於兒童問題的工
具。雖然本活動鼓勵在想法及感覺上的開放式溝通，衝突卻是應該慎重避免的一
環，尤其當兒童顯現出情緒上的防衛時，應記錄此現象，並在之後的療程中予以追
蹤。

我的小小世界

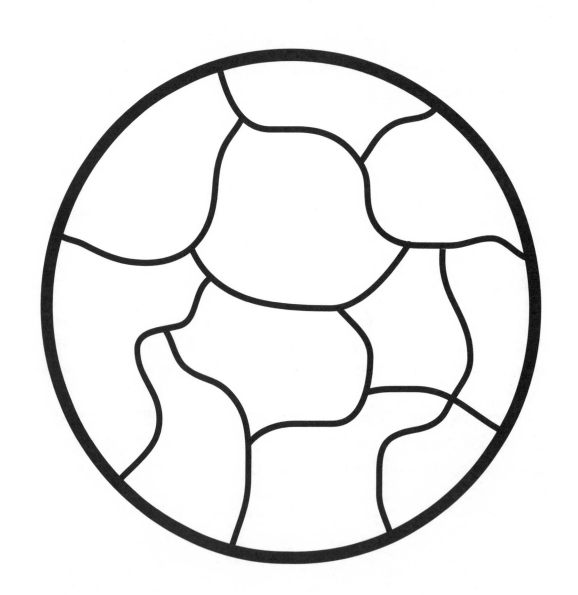

◆ 坐立難安 ◆

主題：評量
建議年齡層：七至十二歲
治療模式：個人，團體

目　標

1. 評估表現上的問題
2. 增進身體在面對壓力反應上的警覺性
3. 評估及提升解決問題之能力
4. 促進情感的口語表述

工　具

- 蝴蝶輪廓（見附件）
- 剪刀
- 膠水
- 旗幟用紙

事前準備

　　將有蝴蝶輪廓的紙張影印完成，並確定每位小朋友都拿到不同形狀的蝴蝶；將蝴蝶形狀剪妥。

進行方式

　　治療師在介紹活動的初始階段，便清楚表達出每個人都有問題及煩惱的觀念，並概述身體對於壓力的不同反應，例如：當某人感到害怕時，他會心跳加速，或當某人感到悲傷及想哭泣時，他會覺得喉嚨被一團東西塞住。治療師這時會詢問當事人是否聽過這個描述：我感到坐立難安（即「腹中有蝴蝶飛舞」），假若當事人對於該描述方式不甚熟悉，治療師可提供解釋如「當你因某事而感到非常憂慮或緊張時，你會感到自己的肚子怪怪的，就好像蝴蝶在你的肚子裡面飛來飛去，實際上你

的肚子裡當然沒有蝴蝶，只是你自己覺得是這樣而已。」接下來將紙做的旗幟置於地板，小朋友躺在旗幟上面，而治療師將小朋友的形體在旗幟上畫出，而後治療師把蝴蝶輪廓拿給小朋友，小朋友則在蝴蝶輪廓上把自己的憂心之事寫下：大的煩惱寫在大的蝴蝶上，小的煩惱則寫在小的蝴蝶上，寫完後的蝴蝶則以膠水黏貼在小朋友身形的腹部。在小朋友們點出每一個不同的憂心之事時，治療師可進一步以問答方式刺激小朋友們進一步討論，像是：「這個你所擔心的事情後來怎樣了呢？」藉由提問，可評估及鼓勵當事人解決問題的能力，如：「你該如何處理這個煩惱，並使你自己較為開心？」為評量該當事人的人際支持網絡，治療師可詢問：「有沒有人可以幫你解決這個煩惱？」遊戲結束時，小朋友可就（先前治療師所繪出的）個人形體做進一步裝飾。

討　論

此活動可促進個體省察、開放式溝通、問題解決，及負面與過度刺激感的淨化放鬆效果，它同時也是一個能夠使用於各種不同類型的當事人的活動。在活動進行時，治療師可觀察並評量該兒童，如其是否性格開放、小心、規避等等。對於在自我表達上有不同程度問題的兒童而言，這個活動尤其有效；透過活動，這些兒童可向治療師表達出哪些對他們而言是最為嚴重的問題，並且需要立即性的治療。活動結束後的成果，可成為對於當事人評量的一部分，並形成發展當事人治療計畫的藍圖。

蝴蝶輪廓

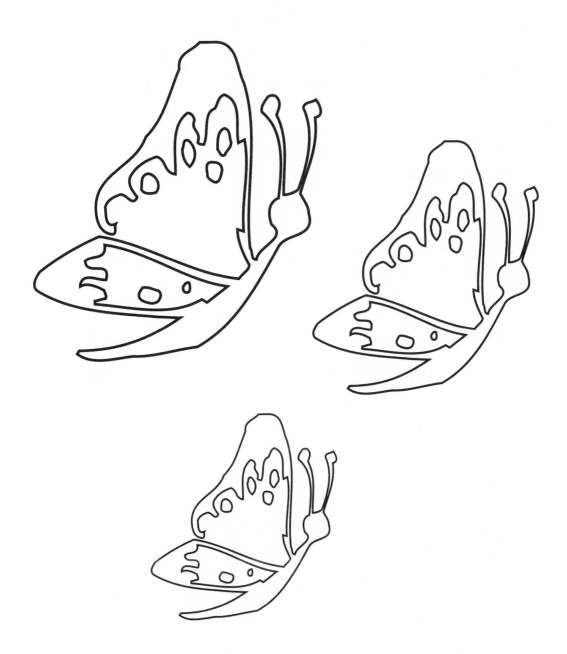

◆ 小黏點 ◆

> 主題：評量
> 建議年齡層：七至十六歲
> 治療模式：個人，團體

目標

1. 評估現今生活中所面臨之壓力、症狀，及應對策略
2. 促進情感的口語表述

工具

· 「問卷」工作單（見附件）（注意：共有兩份問卷，第一種版本是較年幼的兒童所用，第二種版本是較為年長的青少年所用）
· 小的自黏性圓點

進行方式

　　將問卷工作單及一整張的自黏性圓點發給兒童們，每個小朋友在讀過問卷工作單上的陳述後，將自黏性的小圓點貼在與他本人相符的描述旁邊；對於任一描述若有較多感覺，則可以放上更多的圓點。當小朋友把問卷完成後，治療師可針對小朋友的反應提出更多可供討論的細節。

討論

　　許多在治療過程中的兒童對於他們的問題及擔憂等，無法公開而大方地提出討論，此活動使兒童辨識他們在臨床上的問題，卻不需要直接以口語方式陳述；其次，此活動提供大量的評估性資訊以包含兒童的潛在性問題，及這些問題的強度，治療師可以此活動作為起點，以便取得更多關於該兒童的個人背景資訊。例如，當某兒童將圓點置於某陳述：「我擔心家中的某位成員」時，治療師可詢問：「你可不可以把這個擔憂說得更詳細一點呢？」

　　完成後的活動結果可成為兒童在治療議題上的縮影，且可協助治療師發展治療

計畫。由於此為一評量活動，治療師之角色乃蒐集資訊而非干預治療，所以，在兒童進行此活動時，治療師應盡量採取不介入的立場。舉例而言，假設一位兒童於「我不喜歡我的長相」旁貼上幾個圓點，這代表的是兒童有自我負面形象，此時治療師應思考及確認此孩童之感受為何，而非改變其想法。一旦評量過程結束，當兒童進行到治療階段時，治療師便得以根據任何評量活動中兒童所顯示出的問題，予以治療。

注意：基於此活動乃鼓勵兒童、青少年誠實面對其所感覺或所關注之事，可能會引發的結果是發現兒童或青少年遭虐，因此，在活動初始階段，治療師即應加強保密原則，並應將兒童或青少年安全堪虞的情況呈報相關單位。當兒童或青少年呈現出任何安全堪虞的情勢時，治療師不應深入調查，而是應遵守通報協議，並聯繫當地保障兒童權益之相關團體。

問卷

　　每個人都有問題及煩惱，此問卷可以幫助我們了解你的問題及煩惱是什麼，我們才能進一步幫助你。請你在看完以下的每個問題之後，在與你狀況相符的問題旁邊黏上一個小圓點，但如果這個問題是你較爲擔心的，請你黏上更多的小點。

　1. 我沒辦法不去想我的問題

　2. 我常感到難過

　3. 我有時覺得害怕

　4. 我覺得我做了一些不對的事情

　5. 我不喜歡我的長相

　6. 我擔心自己會受傷或被揍

　7. 我很擔心家裡的某一個人

　8. 我常做噩夢

　9. 我常感到頭痛或腹部疼痛

10. 我常常心情不好

11. 我有時會故意傷害自己

12. 我覺得我的父母對我很不滿

13. 我常在家裡惹上麻煩

14. 我常在學校惹上麻煩

15. 我會和其他小朋友打架

16. 我被其他小朋友取笑

17. 我有一個不敢和別人說起的可怕秘密

18. 有人會以我不喜歡的方式摸我

19. 我沒有任何人可以和我談論我的擔憂

20. 我在放學後或在週末沒有任何有趣的事可做

問卷

　　每個人都有問題及煩惱，此問卷可以幫助我們了解你的問題及煩惱是什麼，我們才能進一步幫助你。請你在看完以下的每個問題之後，在與你狀況相符的問題旁邊黏上一個小圓點，但如果這個問題是你較為擔心的，請你黏上更多的小點。

1. 我無法停止思考我的問題

2. 我覺得要感受快樂或歡喜是困難的

3. 我覺得我是一個壞人

4. 我不喜歡我的長相

5. 我擔心自己會受傷或被揍

6. 我很擔心家裡的某一個人

7. 我常睡不好

8. 我常感到頭痛或腹部疼痛

9. 我不想吃東西

10. 最近我常飲食過量

11. 我常常心情不好

12. 我以藥物或酒精來面對我的問題

13. 我試著或想要傷害自己

14. 我覺得我的人生永遠不可能是光明的

15. 我和家人處得不好

16. 我在學校表現不佳

17. 我會和其他人打架

18. 我對自己的性徵感到不適

19. 我有一個不敢和別人說起的可怕秘密

20. 沒有任何人可以和我談論我的問題

◆ 拼圖 ◆

主題：評量
建議年齡層：七至十六歲
治療模式：個人，團體

目 標

1. 評估家庭關係
2. 促進情感的口語表述

工 具

- 紙張
- 信封
- 膠帶
- 著色用具
- 雜誌中之圖片
- 拼圖（見附件）
- 剪刀

事前準備

　　將拼圖複製於厚紙板或有色的壁報紙上，在另一側貼上符合兒童年齡層的雜誌圖片，如引起對運動有興趣的兒童之興致的體育競賽圖片，或對動物有興趣的兒童就用動物圖片等等。並將拼圖沿著虛線剪下後，把八個不同的部分放在信封裡。

進行方式

　　治療師將拼圖拿給兒童，其必須以回答拼圖上面八個問題的方式完成拼圖（若此活動對象為年齡層較低之兒童，治療師可協助其將答案寫下）。兒童針對不同問題進行回答，以期能夠完成整體拼圖；當所有問題都有答案時，兒童可開始拼圖，並將其黏貼在一起，還可將拼圖轉過來看看背後所放的圖片。此活動之後續階段可讓兒童畫上全家畫像。

討 論

　　此活動蒐集家庭功能及其動力的相關資訊，所以，兒童對家庭的感受力是此評量活動的重心。拼圖及全家畫像提供了重要的診斷資訊，並作為未來進一步治療時的工具，而活動的進行能協助治療小組為家庭介入治療形成具體目標。

拼圖

1. 我的家庭最好的地方
　 在於：

2. 我的家庭最不好的地方
　 在於：

3. 在家裡最能夠支持與協助
　 我的是：

4. 我們家爭執最多的事情是：

5. 我喜歡相處的親戚是：

6. 我不聽父母話時，他們會：

7. 我希望我父母會做的
　 一件事情是：

8. 對於我的家庭，我所擁有
　 的一份特別的回憶是：

◆ 生活裡的快樂和悲傷 ◆

主題：評量
建議年齡層：七至十六歲
治療模式：個人

目 標

1. 評估當事人生活中重要的事件
2. 將生活中正面及負面事件變成未來的能量
3. 促進情感的口語表述
4. 將「每個人在生活中都有正面及負面事件」的觀念傳達給當事人

互 具

· 膠帶
· 紙張
· 寫作及著色工具
· 一大片牆壁（若無此空間，可使用地板）

進行方式

　　把膠帶橫著貼在牆壁上，並在其上方與下方預留能貼上紙張的空間，治療師可向當事人解釋，請他們將把生命中的重要事項記錄下來，並請他們去追溯最早的記憶，再請他們把這些記憶寫在紙上。若有需要，治療師亦可替當事人書寫，或當事人可將不同時間點的記憶以繪畫方式呈現，並由治療師在當事人的圖片下，寫上一段關於他的記錄。當事人將依要求在另一不同的紙張上，把其他重要事項記錄下來，治療師並可以採用提問方式來帶領當事人做記憶上的回溯，問題包括：「寫下你在一年級時所發生的重要事件；或寫下你在二年級時所發生的重要事件（以此類推直到當事人目前所就讀之年級為止）。」假設當事人一直無法想起重要事件或無法具體書寫，治療師可將活動分為幾部分進行，並詢問較為細節性的問題，如：「把一個和你家庭有關的開心經驗寫下來；把一個和你家庭有關的不開心經驗寫下來；

把一個和你學校有關的開心經驗寫下來；把一個和你學校有關的不開心經驗寫下來；把你有過的一個生日經驗記錄下來；寫下一個你記得的假日；回憶一個你完成某事的經驗。」一旦當事人將記憶或事件之寫作或圖示完成後，這些當事人所寫所畫的便可貼在牆上；若是開心的經驗，便貼在橫向膠帶之上，若是不開心的經驗，即貼在橫向膠帶之下。治療師可就此引導當事人談論各種回憶的細節及其感覺，治療師並可強調每個人生活中都有高潮及低潮的概念。

討 論

此活動乃為評估當事人狀況而設計，可蒐集兒童生活中重要經驗之資訊。某些當事人會享受完成活動的感覺，並會與治療師以開放的角度分享他們的經驗；但某些當事人則會在活動中感到掙扎，因為他們覺得談論自我經驗是緊張、焦慮或不好意思的。此時，對於當事人的抗拒心態，治療師可以支持的言語合理化、合法化（validate）當事人的感受。假設治療師知道當事人背景，了解其有隱蔽未提的重要事件，可在活動結束時宣布：「有些你自己的經驗要在現在和大家分享，可能太過困難了一點，你可以在覺得比較舒服以後，再把經驗放到上面去。」

在處理當事人的創傷或困難事件時，治療師必須肯定當事人自我調適的能力，如治療師可指出：「雖然你經歷過好幾件令人難過或喪氣的經驗，但你還在這裡；這代表你克服了這些困難！」這時治療師可接下去詢問：「是什麼幫你度過難關？這些困難的事情怎麼樣幫助你成為一個勇敢的人？你可以如何利用這種力量去度過你現在或未來將經歷的難關？」

除了治療上的價值之外，此活動可視為一介入治療（therapeutic intervention）之運用，鼓勵當事人在不同議題上的探討，如改變及失落、家庭關係，及個人成就等。

第二章
感覺的辨識及表述

　　許多兒童缺少情緒、認知及口語能力來直接溝通他們的感覺，他們也會壓抑，或在感覺上只有特定如「快樂」、「傷心」及「生氣」等局限字彙。在此情況下，兒童需要知道他們可以明白而大膽地表現他們自己，也必須增進他們在情緒上的字彙，如此，他們才能有表達自我感覺情狀的方法。

　　當孩童在情感表達上的能力有所局限時，可以正確協助他們的方式是將討論與遊戲式活動結合。本章所探討的各種活動如棋盤遊戲（board games）、表述式藝術技法（expressive arts techniques），及角色扮演（role-play）等等，均能協助兒童以低程度之焦慮感來將他們的感覺口語及具體化。

　　然而，為有效達到上述效果，執行者（practitioners）必須調和他們本身的情緒（in-tune with their own emotions），並應能表達各種不同的情感，而這關係著執行者是否得以示範開放式的認知及情感表達；執行者亦必須在情感表現強烈的兒童身邊感到自在，如此他們才能合理化和印證兒童的感覺，協助其以各種正當而正常的方式，表達自己的想法。

◆「燙手山芋」遊戲◆

主題：感覺的辨識及表述
建議年齡層：四至十歲
治療模式：團體，家庭
治療階段：初階，中階

目標

1. 促進感覺的辨識及表述
2. 鼓勵對於感覺的省察

工具

· 電子燙手山芋（HOT POTATO）道具（HOT POTATO © 1999 Hasbro，版權所有，經授權後使用）（注意：這個玩具為填充式，看來像是個番薯，經壓迫會發出音樂聲。雖然同為Hasbro生產，但這個填充玩具和MR. POTATO HEAD © 玩具不同）
· 問題（見附件）
· 索引卡

事前準備

　　將「燙手山芋」活動所附之問題抄寫於不同的索引卡上，或以複印方式亦可。

進行方式

　　參與成員以坐姿圍成一個圈圈形狀，所有的問題都放在圈圈中間，活動帶領人詢問兒童是否曾經玩過「燙手山芋」遊戲。而後，活動帶領人將HOT POTATO玩具取出，並請兒童傳給他人，讓他們熟悉此一玩具，同時強調不能以拉扯或亂丟的方式破壞這個玩具。活動帶領人並以下述方式解釋這個遊戲：

活動帶領人將HOT POTATO玩具捏一下之後,將它傳給坐在他左手邊的人,如此繼續傳下去,直到音樂停止時,HOT POTATO玩具在誰手上,誰就要回答活動帶領人所大聲唸讀的、最上面的卡片上的問題。所有的問題都和感覺相關,而兒童有選擇回答問題、傳給別人,或要求大家幫忙的選擇權。活動一直進行到所有的問題都回答完畢為止。遊戲規則如下:

1. 玩具必須以很快的速度傳給下一位小朋友,不可以在音樂播放時,停留在任何一位小朋友手裡。

2. 玩具是用傳的,不是用丟的。如果玩具掉到圈圈之外,那麼最後傳出的小朋友要把它撿起來重傳。

3. 只有拿到玩具的小朋友要回答問題,所以每次只有一人作答。

4. 活動帶領人可要求遊戲停止,並討論每一位小朋友所說出的感覺。

討　論

許多兒童都玩過與本活動類似的遊戲,填充玩具在傳來傳去的時候,會刺激兒童的熱情及回答問題的想望。遊戲不斷進行的同時,治療師可提供援助、回饋,以及在兒童勇於以口語表達其想法和感覺時,予以稱讚。當某個兒童能夠在大庭廣眾之下談論某傷痛經驗時,治療師應確認兒童的感覺,並進行一個適宜且簡短的團體討論。

本活動適用於學齡前及再稍大些年齡層之兒童,因為這些兒童極為喜愛填充玩具,並能以它當作表達及掌控其感覺的工具。較為退縮的兒童也會因為遊戲的不斷進行,而變得較為勇於表達;至於本來就較為外向活潑的兒童則會因遊戲規則的關係,而變得較為沉著,並試著以本遊戲所設計的方式來表現他們的強烈情感。

問題
「燙手山芋」遊戲

以你的臉和身體動作告訴我們一個人開心的時候會怎樣？

以你的臉和身體動作告訴我們一個人傷心的時候會怎樣？

以你的臉和身體動作告訴我們一個人生氣的時候會怎樣？

以你的臉和身體動作告訴我們一個人害怕的時候會怎樣？

什麼會令你開心？

什麼會令你難過？

什麼會令你生氣？

什麼會令你害怕？

如果你的兄弟姊妹把你最心愛的玩具弄壞了，你會覺得怎樣？

如果你的兄弟姊妹不跟你玩，你會覺得怎樣？

如果你在做了惡夢之後醒來，你的感覺怎樣？

如果有人對你說了好話，你會覺得怎樣？

25

◆「糖果園」遊戲◆

主題：感覺的辨識及表述
建議年齡層：四至十二歲
治療模式：個人，團體，家庭
治療階段：初階，中階

目標

1. 促進感覺的辨識及表述
2. 增進問題處理技巧

工具

· 「糖果園」（CANDY LAND）遊戲（CANDY LAND® 是Hasbro的商標，© 1999 Hasbro，版權所有，經授權後使用）
· 一個裝有各種精緻包裝糖果的糖果寶盒

事前準備

　　把一顆糖果當作在遊戲板上的行走標的（代表遊戲進行），並在糖果寶盒裡裝滿糖果，放到遊戲板的最尾端，將「糖果城堡」（Candy Castle）字樣蓋住，並把塑膠薑餅人移除，因為本遊戲中不需要它們。

　　為使遊戲進行順利，須先將遊戲內附卡片調整妥當。當然，卡片的使用張數及所放置的順序和活動帶領人希望兒童玩幾輪有關。下列為四個能玩五輪此遊戲的兒童所設計：

1. 一個黃色積木	2. 一個鉛錘圖卡	3. 一個紅色積木
4. 米特先生圖卡一張	5. 一個藍色積木	6. 兩個綠色積木
7. 喬莉圖卡一張	8. 兩個橘色積木	9. 一個紫色積木
10. 堅果姥姥圖卡一張	11. 兩個紅色積木	12. 一個橘色積木
13. 蘿莉公主圖卡一張	14. 一個綠色積木	15. 弗洛絲汀女王圖卡一張
16. 兩個紫色積木	17. 一個黃色積木	18. 兩個藍色積木
19. 兩個橘色積木	20. 一個紫色積木	

取走其他遊戲內附卡片，因為它們將不會被派上用場。

進行方式

活動帶領人詢問參與兒童是否玩過「糖果園」遊戲，活動帶領人說明大家要玩一個特別的「糖果園」遊戲，並將指示大聲唸出。

＊複印下一頁遊戲規則，並將其剪下，而後，將它貼在遊戲盒盒蓋裡，那麼在遊戲過程當中，便可藉由反覆唸讀來提醒參與兒童規則為何。

為順利推動遊戲的進行，活動帶領人可於活動中協助兒童談論其情緒，而活動帶領人亦可與其成員同樂，並藉以示範合宜的表述方式。

個人治療之變通方式：遊戲仍以上述方式進行，但卡片則利用排序不同的方式，使遊戲進行得更加快速，像是棒棒糖圖卡可放於卡片的最上方，使得糖果能在遊戲當中很快地出現。

討　論

「糖果園」遊戲是一個風靡於小朋友群中的遊戲，將「糖果園」遊戲改變成一治療型遊戲，是為了讓兒童進入治療過程之中，並協助其將感覺口語化。治療者可將此遊戲作為起點行為，藉以將感覺狀態合理化，並強調感受表述的重要性。在遊戲中加入糖果為獎賞，其效果等同於圖卡之功用，因均可使活動更加與眾不同。除此之外，原來「糖果園」遊戲中的競爭部分已經移除，因為組員們必須共同合作，以將糖果朝著寶藏的路線移動；再者，每位參與的兒童都是勝利者，因為每位參與者都有糖果得以享用。

「糖果園」遊戲規則

　　一開始的時候，把一個糖果放在遊戲板上開始的地方，這個糖果就當成在遊戲時，於遊戲板上移動的糖果，參加者要合力將糖果移動到最後面的糖果寶盒。年紀最小的小朋友抽出一張卡，並將糖果移動到卡片上面的指示位置。例如，若卡片上是一個色積木，則將糖果移到第一個遊戲板上的第一個對等位置；如果卡片上是兩個色積木，則將糖果移到第一個遊戲板上的第二個對等位置；如果卡片上顯示的是一個圖片，那麼就將糖果移到同樣的圖片上面。當參與的小朋友移動到一個有色空間時，他就必須說出一個在卡片上所描述出來的感覺（詳細解釋如下）。舉例而言，紅色的空間代表小朋友必須描述他生氣時候的感覺，其他的小朋友也要輪流談論他們生氣時的感覺，這些參加者不能將同樣的感覺重複兩次以上。當小朋友抽到上面有圖案的卡時，他就將糖果移到遊戲板上跟圖卡上面圖片相當的位置，之後，所有的參加者都要跟隨這張卡片上面的指示（詳細解釋如下）。遊戲將在每一輪參加者都能跟著正確指示之下進行。第一個到達終點的小朋友可以把糖果寶盒打開，並選擇一顆糖果，坐在這位小朋友左手邊的其他小朋友們，也統統可以選擇一個糖果！

感覺卡

黃色：告訴大家一個令你開心的時刻（發生了一件令人欣喜若狂的事情）

藍色：告訴大家一個令你難過的時刻（發生了一件令人沮喪不已的事情）

紅色：告訴大家一個令你生氣的時刻（發生了一件在你意料之外的事情）

橘色：告訴大家一個令你害怕的時刻（發生了一件令人驚惶失措的事情）

綠色：告訴大家一個令你有罪惡感的時刻（在做錯事後感到懊悔不已）

紫色：告訴大家一個令你自豪的時刻（在做了某事之後感到無比驕傲）

圖片卡

鉛錘：你該運動了，請原地跳十下。

米特先生：他想知道你在憤怒的時候如何控制自己的情緒。

喬莉：她喜歡笑容，所以每個人都請起立並且做個可笑的鬼臉。

堅果姥姥：她說對人友善是非常重要的，請和大家分享你曾經為別人做過的好事。

蘿莉公主：她喜歡在自己的糖果園裡跳來跳去，請單腳跳十下。

弗洛絲汀女王：她想知道你的願望是什麼，把你的願望告訴她。

◆ 手指彩繪 ◆

主題：感覺的辨識及表述
建議年齡層：四至十六歲
治療模式：個人，團體，家庭
治療階段：初階，中階

目　標

1. 促進感覺的辨識及表述
2. 將人們所經歷的不同感覺合理化
3. 增進問題處理技巧

工　具

· 指甲彩繪的不同顏色　　　　· 大張白紙

· 工作服　　　　　　　　　　· 報紙或垃圾袋

事前準備

　　將指甲彩繪的材料放在桌上，並在桌子周圍的地板鋪上報紙或垃圾袋。

進行方式

　　治療師將紙張及指甲彩繪的材料發給每一位小朋友後，一開始，他們可以以自由繪圖的方式，熟悉指甲彩繪材料的使用，接著，治療師詢問兒童以下的問題：

　　畫一個能表現你現在的感覺的圖案。

　　畫一個圖案，這個圖案可以表達出有一次你感到快樂時的心情。

　　畫一個圖案，這個圖案可以表達出有一次你感到悲傷、害怕，或心生厭惡時的心情。

　　畫一個圖案，這個圖案可以表達出另一次你感到快樂時的心情。

在兒童完成圖片後,讓他們互相討論其所繪製的圖案,並加以比較,或相互說故事;這些圖片可用以促使兒童對於生活周遭所感受到的正向及負向經驗的表達。所強調的重點應在於所發生之事為何,及兒童之感受為何。而在最後以一個「快樂」的圖片做總結是相當重要的,這可以確保在療程結束時,所帶出的感覺是正向而非負向的。

兒童之藝術作品於治療期間可作為投射測驗及創作性表達的依據。經由具表達性的藝術媒材,兒童的想法、感受及經驗等可成為具體的形象,而指甲彩繪的藝術可促使兒童的心靈達到洗滌效果,並協助兒童具體表達其創傷。治療師的立場是協助兒童將圖像轉化為文字,由此,他才能夠真正表現他的情感,並且得到某部分的主控權。

注意:除非已經歷藝術治療的專業訓練,否則治療師不應任意詮釋兒童的藝術作品,但這並不表示治療師不得經由兒童的藝術作品來蒐集資訊,以及協助兒童表達其感受。與其直接解釋兒童的感覺,治療師應該採取的態度是請兒童描述他的圖片。

◆ 籃球 ◆

主題：感覺的辨識及表述

建議年齡層：七至十六歲

治療模式：個人，團體，家庭

治療階段：中階

目標

1. 促進感覺的辨識及表述
2. 將人們所經歷的正面及負面感覺合理化

工具

· 「諾福籃球」（NERF BASKETBALL）（NERF®是Hasbro的商標，© 1999 Hasbro，版權所有，經授權後使用），或者可用垃圾筒及摺過的紙來替代

· 問題（見附件）

· 藍色及黃色索引卡

事前準備

　　將「籃球」問題卡上的每一個「笑臉」問題抄寫在黃色索引卡上，並在背後畫上笑臉；將「籃球」問題卡上的每一個「哭臉」問題抄寫在藍色索引卡上，並在背後畫上哭臉。

進行方式

　　向參與成員解釋，他們將開始玩一種特殊的籃球遊戲，而這個遊戲可以讓他們討論快樂和難過的感覺，其規則解釋如下：

　　大家輪流投籃，輪到的人如果將球順利投入籃框，那麼他就可以從「笑臉」中抽出一張卡——這些問題和個人的快樂經驗有所關聯；如果投籃者無法將球順利投入籃框，那麼他就要從「哭臉」中抽出一張卡——這些問題和個人的不快樂經驗有所關

聯。投籃者可選擇回答問題、跳過，或尋求團體成員的協助。這個遊戲一直進行到所有的問題都已獲得答案，或每一位成員都完成了治療者先前預定的回答次數為止（例如：每人均回答三次）。如果所有的問題卡都在遊戲結束前回答完畢，則可以將卡片洗牌後重複使用。

　　活動中應鼓勵成員進行討論；治療師可能會暫時停止該活動，以針對某成員之感覺或答案，做進一步的探討。

　　個人治療之變通方式：兒童和治療師如以上所述之方法輪流抽卡片，遊戲進行當中，治療師參考及運用該名兒童的感覺來回答問題，並在適當的時機要求兒童更深入地表述其想法，治療師可進一步根據此描述來形塑與鼓勵開放性陳述，或引發兒童更進一步地在特定治療議題上做出反應，而此須以漸進及同理兒童是否有心理上之準備，來處理較為敏感的議題。

討　論

　　將傳統式的籃球比賽遊戲改良之後，可以協助較具抗拒性的當事人的認知或表達情感。治療師可利用本遊戲來評估兒童的感覺、態度及溝通方式，並在兒童於情感上有防衛心、對立，或有不適當之社交行為時，以治療的方式介入。「快樂」及「傷心」問題卡可用於使兒童警覺並表達正面及負面的感覺和經驗時。

　　在同組當中，治療師可詢問如：「這樣的事情有沒有任何其他的小朋友經歷過？」「有沒有其他小朋友也這樣感覺？」「其他小朋友對剛剛這段話有什麼想法？」等問題，將組員的經驗正常化並予以證實。在組員回答問題的同時，治療師可提出讚美或鼓勵：「你好勇敢哦！要談這個很不容易耶。」或「你能把感覺和其他小朋友們分享，真的做得很好！」治療師也可在遊戲中不時加強正確的社交互動觀念，如：「每個人都願意靜靜地聽別人在說什麼，真是太好了哦！」

　　活動中，每一位組員都有選擇跳過不談的權利，如此一來，他們便不至於感到有壓力去談論他們尚未準備談論的話題。因此，他們會在被鼓勵的情形下，以自己感到安全或者舒服的步調，分享一些訊息。

問題
籃球

笑臉卡　　　　　　　　　　　　　　　哭臉卡

描述你記憶裡最快樂的時光。	描述你在小時候的一個最快樂的時光。
描述某人對你所做的一件好事。	描述你所達成的某事。
描述你和家人一同做過的趣事。	描述你做過的一件英勇事蹟。
描述你所做過的一個好夢。	告訴我們一件能讓你發笑的事情。
描述這一週發生在你身上最好的事情。	描述一個你解決過的問題。

描述你記憶裡一個不開心的時光。	你會對一個強顏歡笑的小朋友說什麼？
你最擔心什麼？	你做過什麼樣的惡夢？
描述一個別人所做令你難過的事情。	上次你哭是為了什麼？為什麼那麼傷心？
告訴我們你在學校碰到的一個問題。	告訴我們你在這一週所碰到的問題。
告訴我們你在家裡面遇到的一個問題。	你希望針對自己的哪一個方面來增進或改變？

◆ 情感抒發 ◆

主題：感覺的辨識及表述
建議年齡層：四至十六歲
治療模式：個人，團體，家庭
治療階段：中階

目 標

1. 促進感覺的辨識及表述
2. 將人們所經歷的各種不同感覺合理化
3. 教授「放鬆、深呼吸」的技巧
4. 幫助學生控制其衝動感，及使其能夠自律

工 具

· 吹吹筆（BLOPENS）遊戲（BLOPENS®之使用，已經過P&M Products Ltd. 之允許。BLOPENS是P&M Products Ltd. 的商標）。這些特別的色筆能夠在空氣吹入時噴出不同的色彩（注意：此遊戲進行時，如果活動對象是一群兒童，那麼吹氣的部分應該緊附於BLOPENS上面，以避免細菌傳染）
· 大張白紙

進行方式

治療師將BLOPENS的操作方式示範給大家看，之後，小朋友可在治療師的協助下，以幾分鐘的時間來熟稔操作BLOPENS的方式。小朋友經指導後，可為每個色彩命名不同的情緒，例如：藍色是悲傷、紅色是憤怒、黃色是快樂等等。

之後，小朋友可選擇BLOPENS其中之一色來開始，把它由BLOPENS中吹出，並噴在紙上，再陳述該色彩所代表的情緒，且舉例說明有這樣的感覺是在何時。小朋友也可用大量的單一色彩來表現較為濃厚的情緒，例如：「藍色代表的是悲傷，當我的爸爸和媽媽離婚的時候，我覺得很難過，所以我才會噴很多藍色。」小朋友也可以由各種不同的方向，將各個顏色由不同的角度噴灑到紙上。當小朋友如此做的

時候，治療師可以用評語做正面回應，例如：「我覺得你心裡有很多難過的感覺，你能把它們說出來眞是太棒了！」

除了幫助兒童辨識其不同情狀，BLOPENS也可用於其他治療方向：

1. 放鬆及深呼吸活動：治療師先吸入一口空氣，再慢慢把氣吹入BLOPENS裡，且要注意色彩的分布。

2. 情感表達：當兒童把空氣吹入筆中時，治療師可詢問：「把氣體吹入筆中時，你的感覺是什麼？」小朋友可能會回答「很好玩」等，在此之後，治療師便可提出通常人們在將感覺講出來的時候，會感到心情較好。

3. 控制衝動感：治療師可將顏色故意隨處潑灑在紙上，並說：「看吧，如果我不控制自己所做的事，我就會把顏色弄得到處都是，這樣眞是一團亂，如果我先想好要用什麼色彩，再仔細把它們噴到紙上會比較好。」

年紀較小兒童的處理：本活動可因參與者年齡較小，而變成「選四個不同顏色BLOPENS的活動」。治療師可爲兒童解釋這四種顏色各代表快樂、難過、生氣以及害怕，並用兒童可以了解的話來舉例，再詢問兒童何時他們會感受到這類情緒，接著讓兒童藉由BLOPENS所噴出的色彩，製造自己所獨有的設計。

討論

明白的表現藝術手法可幫助兒童將其感覺表述出來，而這個活動就是表現藝術的手法，它可成爲治療及評估的依據，並且促進兒童健全地釋放其情緒，與提升表達自我情緒的意願。在活動中，治療師可觀察兒童如何使用BLOPENS——色彩選擇、各種情感狀態之順序，及其行爲上的呈現。因爲能夠按部就班的將所想討論的經驗予以表述，兒童會更進一步地產生安全感。治療師可強調任何感覺都是可以被接受的，而大多數兒童都會享受這個美術創作的機會，並會積極參與這個治療過程。

注意：除非已經歷藝術治療的專業訓練，否則治療師不應任意詮釋兒童的藝術作品，但這並不表示治療師不得經由兒童的藝術作品來蒐集資訊，以及協助兒童表達其感受。與其直接解釋兒童的感覺，治療師應該採取的態度是請兒童描述他的圖片。

◆ 感覺圈圈叉 ◆

主題：感覺的辨識及表述
建議年齡層：七至十六歲
治療模式：個人，團體，家庭
治療階段：初階，中階

目標

1. 促進感覺的辨識及表述

工具

· 「感覺圈圈叉」的工作單（見附件）　　　· 評分卡（見附件）
· 外有包裝紙的糖果兩種（十元或五十元硬幣大小）

進行方式

　　這個遊戲採用的是糖果，而不是圈圈叉叉的方式。它可在個別諮商時使用，亦可於兒童兩兩成組時使用，其效果相同。

　　參與者把糖果放在工作單上，以呈現不被打斷的直線為主，直線的範圍必須是水平、垂直，或為對角線。一旦連成直線，參與者就必須描述每一個直線上面他所經歷過的情緒。如果他對三種情緒都能夠加以討論，那麼他就可以得到一分。但如果沒有一個參與者得到直線，那麼大家就必須重新來過；然而當一位參與者得到五分的時候，他就可以吃一顆糖果。治療師可為該活動事先設計時間限制。

討論

　　許多當事人都知道圈圈叉叉的遊戲，他們也會樂於此一活動的進行。一般而言，兒童能夠了解關於快樂、悲傷或生氣等感覺，其他像罪惡或者妒忌等感覺，則須以兒童能夠了解的語彙來形容。舉例而言，「罪惡感就是你因為自己所做的不好的事情，而感到不舒服。」一旦兒童能夠了解每一個在工作單上面所代表的情緒，他就比較容易去描述自己在生活中所遭遇的類似情況。當兒童談論自己的感覺時，治療師可以重述兒童的感覺，請兒童進一步陳述，並且稱讚他願意大方展現自己的感覺，例如，治療師可以對兒童說：「對於你願意平靜地談論媽媽過世的事情，我感到很安慰，而你竟然有這麼大的勇氣能夠說出這件事情，這一分得來真不簡單！」而輪到治療師時，他可以有益兒童的治療之方式來詮釋其答案。

感覺圈圈叉

感覺圈圈又得分表

在以下得分表的空格裡面，寫下每一位參與者的名字，並在他得分的時候於其名字旁邊打一個勾。

姓名：	姓名：

第三章
感覺的面對及處理

　　許多兒童在面對強大的情緒感受時的處理方式是失衡的；對他們而言，悲傷、憤怒、罪惡感或焦慮是最難以應付的。如果他們無法及時學習以健全的態度及方式來處理這方面的情緒，他們便得面對處理此種情緒時的困難及挑戰，例如他們將不知如何處理沮喪或暴力行為。本章的重點在介入處理（interventions），它們能夠幫助兒童表達上述的壓抑情緒。

　　由本章選擇活動時，專業人士應該考慮兒童的治療目標為何。例如，若一位兒童正經歷不知如何妥善表達憤怒情緒的過程，那麼「黏土遊戲」就可以當作一有效的介入處理模式；若一位兒童在罪惡感及羞愧感上掙扎不已，那麼他也許可以由名為「煩惱」（TROUBLE®）的遊戲中獲益；若治療師目前正在處理的是一位有自殘傾向的當事人，那麼「安慰包」就可成為有效的介入活動。一般而言，本章的六個不同活動，提供了兒童學習及進行健全處理行為模式的機會，因此，他們可更加有效地處理極度不安的情緒。

◆ 填充玩具 ◆

主題：感覺的面對及處理
建議年齡層：四至十歲
治療模式：個人
治療階段：中階

目　標

1. 促進感覺的辨識及表述　　　2. 增進問題解決的技巧及應對策略

3. 加強支援系統

工　具

‧填充玩具　　　　　　　　　　‧故事（見附件）

進行方式

　　治療師選擇後附故事一則，並且讀給小朋友聽，同時在故事中所設計的各種不同活動裡，引發兒童抒發自己的想法。在活動的最後，小朋友可以以填充玩具及其他道具來編造出自己的故事。

討　論

　　在治療兒童的過程中使用說故事的方法，是相當實用的，因為故事中重複性的主題能夠應對到兒童的潛意識，且同時對兒童產生影響；治療師並得以利用各個不同的故事來反映兒童的狀況，同時鼓勵兒童將其感覺予以口頭具體表述，以及增進其解決問題的能力。對於在問題解決方面較有問題的兒童而言，他們可能需要治療師投注更多的心力。例如，治療師可以提問的方式來了解兒童的想法，像是：「你覺得小兔是否應該和別人打架？他是否應該忽略這些人對他的嘲笑？或者他應否告訴別人被嘲笑的感覺很糟糕？」

　　填充動物會增添活動對於兒童的吸引力，因為兒童會自然而然地受到這些填充玩具的吸引，並將情感投射在它們身上。同時，由於焦點轉移到填充動物身上而非兒童本身，無形中使得兒童感覺較為放鬆，並且使其能夠在一安全距離之外表達自己的情感。治療師以敦促兒童「協助」填充玩具的角度，增進兒童本身的治療過程。透過「幫助」填充玩具的過程，兒童得以間接表達其自身的情感需求。

小小兔

　　有一隻小小兔的名字叫作＿＿＿＿。這隻小小兔和家人一起住在森林裡，他喜歡玩遊戲，但卻沒有人想和他一起玩。別人不想和他一起玩的原因是＿＿＿＿，而且他們常常取笑他，還替他取了一些像是＿＿＿＿和＿＿＿＿的綽號，這使得他覺得非常＿＿＿＿。有時候當其他的兔子們對他惡作劇時，他會想說些什麼，但他馬上就會覺得不好意思，所以他就保持安靜了。有時候小小兔會覺得很沮喪，然後開始哭泣，他很怕別人看見，所以他會躲在河邊的一棵樹後面偷偷掉眼淚，他很努力地想使自己不要那麼不開心，但他的感覺卻愈來愈差。這隻小小兔可以如何解決自己的問題？

小小魚

　　有一隻小小魚的名字叫＿＿＿＿，她住在海底非常美麗的珊瑚礁之下，她喜愛游泳及與其他海中生物戲耍。有時候她會在貝殼與貝殼之間，與朋友們玩躲貓貓的遊戲，當然有時候他們也在海草之間玩耍。海水永遠都很沉穩，這些小魚兒也沒有煩惱。這些快樂時光令她覺得＿＿＿＿。但是有一天，可怕的暴風雨來襲，潮水把小魚兒們沖得七零八落，並且也把美麗的海底花園給摧毀了；這真是個可怕的經驗。經過一段很長的時間之後，暴風雨終於停了。這些小魚兒們四處張望，但卻發現所有的東西都已被破壞殆盡，也沒有太多剩下的食物，小小魚覺得真＿＿＿＿。過了一段時間之後，小小魚覺得再難過也於事無補了，所以她想出了解決方法；她把朋友們都找來並對他們說：＿＿＿＿。

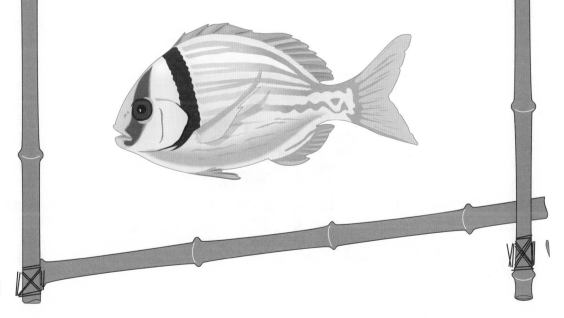

小貓咪

　　很久很久以前，有一隻貓咪名叫＿＿＿＿。她的家是個寵物店，與她一起住在那兒的還有她的父母及兄弟姊妹們。她最喜歡的是每一天喝媽媽的母奶的時光，這個時候，她可以窩在媽媽柔軟舒服的肚子下面，慢慢享受那滑潤可口的母奶，接著，小貓咪就會和她的兄弟姊妹們窩在媽媽的肚子下面，靜靜地午睡，小貓咪會做著關於＿＿＿＿的美夢。有一天，當小貓咪由睡夢中醒來時，她發現她的哥哥不見了，因為不知他到哪兒去了，所以小貓咪覺得＿＿＿＿；隔天，同樣的事情又發生了，這一次消失的是她的姊姊。幾天過後，只剩下了小貓咪和她的媽媽，小貓咪注意到媽媽看起來非常難過及憂愁，這使得小貓咪非常＿＿＿＿。小貓咪開始厭惡她原本所喜愛的午睡時間，因為她會做關於＿＿＿＿的噩夢。兩天之後，當小貓咪由睡夢中醒來時，最糟糕的事情發生了：小貓咪的媽媽也不見了！她覺得真＿＿＿＿。她該如何才能讓自己好過一些呢？

小豬的故事

　　從前有一隻名叫＿＿＿＿的小豬，他與他的家人和朋友住在一個農莊裡，他最要好的朋友是叫作「餅乾」的牛——小豬叫她「餅乾」，因為她全身都有咖啡色的點點，看來就像奶油花生餅乾。小豬會和他的好朋友「餅乾」跑到田裡，在稻草堆上跳來跳去，並且在泥巴裡玩耍，他們可以歡樂地玩個一整天，而他們最喜歡的遊戲就是＿＿＿＿。他們會一直玩一直玩，玩到盡興為止，因為小豬不喜歡回家。他們家裡並不和樂，爸爸媽媽總是吵架，哥哥常常挑他的毛病，而且家裡總是吵吵鬧鬧的。小豬會待在他房裡，這樣就可以安靜一些，但是他還是聽得見吵架的聲音，有時候他還會聽到像是甩門等大的聲音，接著，他就會聽到媽媽哭泣的聲音，這使得他非常＿＿＿＿。小豬想不知道是不是有人可以聽他談談他的問題，所以第二天他沒有去和「餅乾」一起玩，反而是去和＿＿＿＿談了一下。一開始，小豬不確定他該說些什麼，但是最後他鼓起勇氣，並且說＿＿＿＿。談過這些令他煩惱的事情之後，小豬覺得好多了，他也得到了很好的建議，這個建議是＿＿＿＿。

◆ 黏土 ◆

主題：感覺的面對及處理

建議年齡層：四至十歲

治療模式：個人，團體，家庭

治療階段：中階

 目 標

1. 促進憤怒的辨識及表述
2. 將人們經歷憤怒的事實合理化
3. 教授正確的憤怒管理技巧

工 具

・黏土

進行方式

　　將黏土發給小朋友，並讓他們花一些時間來玩，接著解釋黏土是用來談論「憤怒的感覺」的工具，治療師和小朋友可各自針對人們會生氣的情況加以舉例。治療師繼而引導兒童經歷下列五種任務。

任務一：治療師可請小朋友以黏土做一個笑臉，並且請小朋友描述一個令他開心的事件；接著，治療師可請小朋友做一個憤怒的臉，再請他描述一個令他憤怒的事件。治療師還可以和小朋友以輪流的方式，比賽誰可以用黏土做出最生氣的臉孔。

任務二：治療師請小朋友以黏土製作一小男生或小女生，並告訴小朋友下列的故事。治療師和小朋友可以輪流繼續把故事說完。

　　從前從前有一個小男生／小女生，這個小男生／小女生喜歡玩＿＿＿＿、吃＿＿＿＿，和看電視節目＿＿＿＿。當＿＿＿＿的時候，這個小男生／小女生覺得很開心；有時候他／她會非常生氣，像是＿＿＿＿＿＿的時候，而當這個情況發生的時候，這個小男生／小女生

就會＿＿＿。在他／她和家中的一位長輩談過之後，她就覺得比較好一些了。

任務三：治療師請兒童把黏土做成一個圓團形狀，並以拳頭用力打它十次。要向小朋友解釋，憤怒的感覺是無妨的，但是不能傷害自己或別人；因此，要宣洩情緒時，可以打擊像黏土或枕頭這樣的東西。

治療師和小朋友可以比賽誰打黏土打得最大力。

任務四：治療師讓兒童想像在憤怒的情況下，會如何將黏土摔在地上，並且實地操作。治療師可以解釋，在某些無法得到想要的東西的情況下，兒童會有怒意，但是怒意只會使事情變得更糟糕而已，所以到底該如何處理比較好呢？治療師可以和小朋友一起討論，並且開出一張清單。

任務五：治療師要小朋友做出兩團黏土，並且假裝將它們互相撞擊。治療師可解釋當兒童生氣時，他們會以打架來排除他們的憤怒情緒，但那只會讓他們面臨更多的問題，同時，他們會覺得更加沮喪。所以，到底該如何防止兒童在憤怒時走上打架一途呢？兒童可由上一個任務完成的清單內，尋找合適的解決策略。

當兒童達成上面的五項任務後，他便可以開始玩黏土了！在活動將告尾聲前，治療師還可以和小朋友輪流捏出不同的黏土造型，讓對方猜測。

討　論

兒童在這個遊戲的黏土塑型與改變裡，很容易地就會樂在其中，並以它作為一個侵略性情感的抒發工具。透過此活動，比較容易使情緒內化的內向型兒童慢慢地將情緒表達出來；而容易將情緒顯露出來的外向型兒童，可以學習用比較合宜的方式來控制他們的憤怒。在整個活動中，治療師有足夠的時間來為學生示範以適切的表達方式來呈現憤怒。

◆ 「煩惱」遊戲 ◆

主題：感覺的面對及處理
建議年齡層：七至十六歲
治療模式：個人，團體
治療階段：中階

目 標

1. 將兒童經歷罪惡感的事實合理化
2. 能夠將罪惡感以口語表述
3. 增加問題解決技巧
4. 挑戰並修正罪惡感及羞愧感

工 具

· 「煩惱」（TROUBLE）遊戲（TROUBLE®和POP-O-MATIC®都是Hasbro的商標，© 1999 Hasbro，版權所有，須經授權後使用）

· 故事情節（見附件）　　　· 索引卡　　　　　　　· 氣球
· 零錢　　　　　　　　　　· 獎品

事前準備

　　將適合的情節由後面附表中挑選出來，將它們寫到或者複製到不同的索引卡上面，並將不同情境剪下。可視被治療者不同的情況而調整情節的安排。

進行方式

　　活動帶領人以討論的方式開始，以增進兒童對於罪惡感或者羞愧感的表述。活動帶領人可說：「罪惡（感）是你為所做的事情感到不安，而羞愧（感）則是你為你身為怎樣的人感到不悅。每個人都會經歷這兩種感覺，但是常常有麻煩的小朋友可能覺得自己不是個乖孩子。」這時，參與者可討論他們感到罪惡及羞愧時的例子。

　　接著，活動帶領人可宣布兒童們將以遊戲的方式來討論他們的罪惡感和羞愧感。活動帶領人可以詢問小朋友們是否玩過「煩惱」這個遊戲（這個遊戲很受喜愛），並且解釋待會兒要進行的活動和本來的遊戲有何不同：

每一位參與者可選擇下列四種不同顏色棋子的其中之一，每一位應分別將棋子放於本壘，擲骰子擲出最高點POP-M-MATIC的可以先走。假設擲出偶數號碼，則以順時針方向將棋子走到該特定格子；假設所擲出的號碼為奇數，則不是移動棋子，而是選擇一個問題卡，在回答之前先讀出來。總共有兩種問題卡：不惹禍上身卡（STAY OUT OF TROUBLE CARDS）和遠離沮喪卡（DON'T FEEL BAD CARDS）；這些卡片基本上都和小朋友們在做了不好的事情或造成麻煩之後的感覺相關（這也就是為何這個遊戲叫作「煩惱」）。除此之外，還有使遊戲更加好玩的歡樂大放送卡（TREAT CARDS），以及使遊戲更加充滿活力的休息一下卡（TAKE A BREAK CARDS）。每回答一張問題卡，都有一個代幣作為獎賞。第一位把棋子走完的人可以得到三個代幣。所有代幣都可在遊戲結束之後換成獎品。

三到十個代幣：一個獎品

十一到二十個代幣：兩個獎品

滿二十一及超過二十一個代幣：三個獎品

在治療時，可針對不同的人設計不同的遊戲規則；治療師和兒童可以競爭方式來玩這個遊戲，治療師以此遊戲來促進「罪惡感或羞愧感」的討論，並以此演練合宜的問題解決對策。

討　論

許多兒童都掙扎於罪惡感或羞愧感中；當他們將「自己很差勁」這樣的感覺內化時，他們在罪惡感及羞愧感上的行為就日益劇烈，因為這正是他們表現感覺的方式。因此，對於兒童而言，在安全的治療環境裡讓他們能夠抒發這樣的情感，是相當要緊的。在這個遊戲的範圍內，治療師有許多機會去挑戰及矯正因認知上的扭曲而帶來的罪惡感，並且能夠傳達以下的治療訊息：

——不能因為某人做了不好的決定，就代表這個人是個壞人。

——沒有人應該被錯誤地對待。

——我們的希望、想法及言詞，不會使壞事發生。

——每個人都有做正確決定的能力。

情節
「煩惱」

不惹禍上身卡

阿瑞打了一個男生，因為對方叫他「沒有用的東西」。如果你能指出阿瑞可以如何更正確地處理他的憤怒，就可以得到一個代幣。

不惹禍上身卡

小山是班上的開心果，而他也很喜歡這種受到重視的感覺，不過他卻因為過度希望成為眾所矚目的焦點，而和老師發生了衝突。如果你能指出小山可以如何更正確地來吸引他人的注意，就可以得到一個代幣。

不惹禍上身卡

小克總因為忘了寫回家功課，而惹上麻煩。如果你能指出一些小克可以記得他有回家作業的方法，就可以得到一個代幣。

不惹禍上身卡

阿布做什麼事都欠缺思考，莽撞行事。如果你能幫阿布解決他的問題，就可以得到一個代幣。

不惹禍上身卡

阿威和家人開車去拜訪親戚，阿威因為和弟弟搶後座的一個位子，而發生爭吵。如果你能幫阿威用更好的方法面對他的問題，就可以得到一個代幣。

不惹禍上身卡

貝貝上課的時候因為不專心而遭受懲罰，如果你有協助貝貝上課專心的方法，就可以得到一個代幣。

不惹禍上身卡

小馬因為逃學而惹上麻煩，其實他不想逃學，可是他一直覺得朋友給他很大的壓力。如果你有協助小馬應付同儕壓力的方法，就可以得到一個代幣。

不惹禍上身卡

琳琳因為爸媽不讓她去逛街，所以故意把自己的房間弄得亂七八糟。如果你能替琳琳想到面對這個問題的一個比較適當的方法，就可以得到一個代幣。

歡樂大放送卡

給每位參加者一個幸運的銅板，讓大家知道你不壞，並且應該有好事發生在你身上。

歡樂大放送卡

給每個人一個氣球，讓大家一起來慶祝你是個很棒的孩子！

情節
「煩惱」

遠離沮喪卡

因為阿西的爸媽送他去看治療師，所以阿西認為自己他很差勁。請討論。

遠離沮喪卡

阿爾覺得媽媽被爸爸打是他的不對，因為他沒有做任何可以停止這件事的行動。請討論。

遠離沮喪卡

小史帝在客廳裡玩，無意中將一個花瓶打破了，小史帝的媽媽非常生氣並且打了他，史帝覺得自己罪有應得。請討論。

遠離沮喪卡

安安和父親發生了口角，結果幾天之後他的父親在一場車禍當中喪生，安安覺得會發生車禍都是他的責任。請討論。

遠離沮喪卡

小美遭受叔叔性侵，她因為自己沒有說「不要」而認為都是她的錯。請討論。

遠離沮喪卡

莉莉有學習障礙，並且需要非常努力才跟得上班級進度，她覺得自己滿糟糕的。請討論。

遠離沮喪卡

莎莎的媽媽因為愛滋病而過世，莎莎因而責怪自己沒有盡到照顧媽媽的義務。請討論。

遠離沮喪卡

小傑的父母不停地吵架，最後走上離婚一途，小傑很自責，因為父母之間許多的口角都和他有關。請討論。

休息一下！

請站起來原地跳十下。

休息一下！

請站起來原地跑步一分鐘。

◆ 實在太多了 ◆

主題：感覺的面對及處理
建議年齡層：九至十六歲
治療模式：個人，團體，家庭
治療階段：中階

目 標

1.增進壓力的辨別　　2.增進問題解決的技巧和策略　　3.將經歷壓力的事實合理化

工 具

・紙盤（每人一個）　　・長條紙（每人約十條左右）　　・鉛筆或麥克筆

進行方式

　　大家藉由腦力激盪的方式，列出一個具有各種煩惱及擔憂問題的清單。治療師可將每個人都會經歷壓力的事情合理化，接著，治療師將紙盤、長條紙及鉛筆發給所有的參與者，這些參與者應將自身的煩惱寫在各個長條紙張之上，之後將它們放在自己的紙盤中，以達到「我的煩惱真多」的寓意。

　　當事人和治療師可針對每個問題進行討論，並且經由腦力激盪，思考出面對問題的方法；當特定問題獲致合適的解決策略時，那張寫著問題的長紙條就可以從紙盤中移開。活動進行到最後，當事人應該會有鬆一口氣的感覺。

　　治療師可以強調當人們為他們的問題感到無限困擾時，較有效的方式是將問題當中的環節一個一個地加以處理。治療師同時也可以指出，當人們談論他們的問題或找出適當的方法去面對這些問題時，會比較不受到問題的過多干擾。

討 論

　　「實在太多了」是個協助當事人辨認及管理他們生活壓力的具體工具。除了提供當事人針對現有困擾的具體解決策略之外，新問題或預期中的困擾也可以找到解決的方法。例如，治療師可要求當事人想想，最近可能會在什麼情況下感到困擾及充滿壓力——像是考試等等，並且思索應以何種策略面對這個問題。這個過程不但可以防範當事人的問題嚴重程度加重，還可以達到掌控生活壓力的目的。

◆ 飛鏢 ◆

主題：感覺的面對及處理
建議年齡層：九至十六歲
治療模式：個人，團體
治療階段：中階

目　標

1. 鼓勵正面的應對策略
2. 增進解決問題的技巧

工　具

· 兒童專用飛鏢遊戲

· 膠帶

· 紙和筆

· 問題（見附件）

· 索引卡

· 壓力球（每個孩子一個）

· 禮物袋及禮物標籤

事前準備

　　將壓力球放在禮物袋裡，並且貼上下列資訊：

　　在這裡的每一位參與者都是勝利者，因為你們都勇於談論個人面對情緒時的處理方式。由於表現良好，所以你們每個人可以得到一個壓力球。如果想發洩你的壓力，你可以壓一壓這個球。

　　飛鏢板正掛在牆壁上，地板上面有膠帶做成的一道線，可作為射飛鏢時的發射線。

從問題卡工作單上面選擇適合的問題,將它們寫到或者複製到不同的索引卡上面,並將不同情境剪下。可根據年齡不同和治療需要而更改問題。

進行方式

參與者可先從腦力激盪出一連串正面的應對技巧開始,接著,活動帶領人可向參與者解釋將進行一種特別的飛鏢遊戲,藉以協助成員討論應付問題及壓力的方法。活動帶領人可將此遊戲大要解釋如下:

輪到射飛鏢的那個人需要站在線後,並在射完飛鏢後由活動帶領人將分數記錄下來,接著由索引卡中抽出一個題目,再將題目大聲唸讀給參與者聽。每個擲飛鏢的人都可以選擇回答問題、跳過,或者要組員幫忙。在所有的問題都獲得解答之後,遊戲便可結束;或者,遊戲亦可在原先所限定的時間內結束。在結束時,分數最高的人可將禮物袋打開,將禮物標籤上面的訊息讀出,並將禮物分送給每個人。

討 論

有困擾的兒童通常不願公開討論他們的問題,他們對於負面情緒、衝突、壓力等的處理,往往只有有限的解決方式。這個活動的設計能夠引發兒童的興趣,並協助他們發展出應對策略。同時,它也提供活動帶領人激發討論的機會,和增進意見交換的可能。雖然該遊戲的設計是作為治療的工具,但它也提供兒童遊戲及玩耍的機會。

問題
飛鏢

笑容是舒解壓力的好方法，會讓你笑的事情有哪些？

找一個安全的方法來表達自己憤怒的情緒是很要緊的，你有什麼方法？

哭泣是表達你的悲傷的健康的方法。描述一個令你哭泣的事件。

照顧你的身體是很要緊的，你有哪三種方法可以照顧自己的身體？

和一個你信任的大人說話能使你得到支持。你有沒有這樣的說話對象？

你能不能做出一個你生氣時的表情？什麼可以舒緩你的憤怒情緒？

每個人都有做惡夢的時候。你做惡夢的時候，用什麼方法讓自己舒服一些？

和別人打架只會讓事情愈演愈烈，你如何面對那些干擾到你的人？

每個人都有難以入睡的時刻，在這種時候你怎麼樣放鬆自己？

你能不能做出一個你難過時的表情？什麼可以舒緩你的難過情緒？

問題
飛鏢

當有人做了讓你非常生氣的事情，你如何克制自己不要失控？

有時人們對於過去的事情有些不好的回憶，想起這些事情的時候，你如何面對它們？

正面思考會使心情比較舒服，你能不能說出一個你正面思考的內容？

當我們沮喪的時候，一個擁抱會使我們好過一些。你希望誰能夠給你擁抱？

做一些好玩的事情是很重要的，你喜歡做什麼好玩的事情？

哪些事會給你很大的壓力？你如何處理這種壓力？

做體能活動是面對壓力的好方法，你喜歡從事什麼樣的體能活動？

當有人說了令你不愉快的話的時候，你如何使自己保持平靜？

在你生氣的時候，你的身體會給你什麼樣的警訊？有什麼方法可以讓你平靜？

多想想自己的成就會令你覺得自己很棒，你覺得自己有哪些成就？

◆ 安慰包 ◆

主題：感覺的面對及處理
建議年齡層：十二至十六歲
治療模式：個人
治療階段：中階

目　標

1. 了解自我傷害行為背後的原因
2. 以自我安慰的策略取代自我傷害行為

工　具

· 「我的安慰包」工作單（見附件）
· 禮物袋
· 裝飾用具
· 鉛筆或麥克筆
· 安慰包的各種物品

進行方式

　　治療師以談論人們在遇到問題時的不同面對方式當作開場白，例如：「許多人以對他們自己不利的方式來面對問題，例如：飲食過量、酗酒、抽菸等等。他們持續這些方式——即使他們知道這些方式是不恰當的；而他們之所以繼續這些行為，是因為他們發現自己停不下來，或者他們根本不知道如何處理自己的問題。這和自我傷害的行為是相同的。有時人們會故意割傷或燒傷自己，因為這些是他們處理問題的方式，即使他們心知肚明此種方式並非問題的解決方案，再說，他們也已經不知道該如何停止這種自我傷害的行為了。這個活動將讓我們對於我們之所以傷害自己的原因較為了解，而且也可以提供你一些該怎麼處理這些事情的方式。」

　　接著當事人將工作單填寫完畢（即名為「我的安慰包」的工作單），並由當中選出特定的項目來試驗；接著，將禮物袋拿給當事人，並將各種可以放進禮物袋的

「安慰物品」也拿給當事人，舉例而言：

· 一個可以剪裁的紙娃娃
· 一個可以用文字或圖畫記錄情感傷痛的日記本
· 具有安慰效果的音樂
· 一些可以代表當事人目標順利達成的標記
· 可提供晤談或諮詢的機構的電話號碼

　　當事人可以各種不同的方式來裝飾這個安慰包，例如從雜誌上所剪下的圖片。鼓勵當事人用安慰包所提供的方法替代自我傷害的行為。在之後的討論中，治療師可與當事人一起探討，當事人是否因為安慰包的存在，而較為能夠適切地處理壓力。

　　本活動可於青少年自我傷害時使用，治療師必須以審慎的態度來進行這個活動。治療師既不願使得當事人自我傷害的傾向更為嚴重，亦不願指稱其進行自我傷害的行為是錯誤的，而使得當事人的罪惡感加重。所以，治療師應表示自我傷害也許有其功能存在，但當事人卻有能力採取一個更合適的問題處理模式。本活動可減輕當事人自我傷害的行為，亦可成為處理此問題的更佳解決方案。

我的安慰包

有些小朋友在心情降到谷底的時候，會做出一些自我傷害的行為，像是割傷自己或燒傷自己。每個人做這些事情的原因都不一樣，你可以看看下列哪一些是你想傷害自己的原因：

____我傷害自己是因為那是種可以讓我釋放痛苦感覺的方式。

____我傷害自己是因為我覺得自己很差勁，而我想懲罰我自己。

____我傷害自己是因為這是種讓我感到自己存在的方式。

____我傷害自己是因為我總是從自己的感覺中抽離，而唯有如此，我才能有感覺。

____我傷害自己是因為我想得到別人的注意。

____我傷害自己是因為這是一種讓別人知道我在痛苦中並且希望得到幫助的方法。

我傷害自己是因為_____

如果你想尋求協助，並找尋其他方式來面對你的感覺，這裡是一些其他小朋友們感到受用的方法：

1. 與其以自我傷害的方式來釋放我的痛苦，不如以畫畫或寫作的方式來描繪我的痛苦。

2. 與其以自我傷害的方式來懲罰我自己，我可以改用打娃娃或把它弄壞的方式。

3. 與其以自我傷害的方式來證明自己的存在，我可以量量自己的脈搏或心跳，來證明我還好好的。

4. 與其以自我傷害的方式來感覺某些東西，我可以看一齣悲劇電影或者聽聽音樂。

5. 與其以自我傷害的方式來得到他人的注意，我可以看看我所得過的獎品，提醒自己可以以正面的方式得到他人注意。

6. 與其以自我傷害的方式來讓別人知道我的痛苦，並進一步幫助我，不如打電話給一些晤談或諮商機構，且開誠布公地討論我的問題。

7. 與其自我傷害，我可以_____

第四章
社交技巧

　　許多受情緒影響的孩童及年輕人在待人接物上較有問題，並且較不願進行社交活動；他們缺少基本的社交技巧，因此，他們通常與同儕較為疏離。對他們而言，學習與他人正常交往是重要的治療目標。本章所採用的社交遊戲及活動可與社交技巧的課程相結合，藉以協助兒童懂得運用多種社會行為，例如：形成及維繫健全的友誼、有效溝通、與人合作、維持人我之間正常的界線，並且行為果斷。而社交型活動最適合使用在團體諮商的範疇內，如此兒童才能學習、練習，並演練較為社會化的行為；而治療師可以觀察團體動力，及提供具建設性的回饋給兒童，才能使他們與其他人產生互動。在此同時，兒童亦可因透過接受同儕的回饋，而得到更多的啟發。

　　欲從本章選擇一個適切的活動，應注意團體發展的漸進階段，較須冒險或著眼於較高階的社交技巧——如擁抱等，應放在較後面的階段進行。同時，治療師亦可加入活動或遊戲之中，藉以展示正確而正向的社交行為。

◆ 魔毯之旅 ◆

主題：社交技巧
建議年齡層：四至七歲
治療模式：團體
治療階段：中階

目　標

1. 加強社交技巧
2. 增進群體向心力

工　具

· 足夠一組成員席地而坐的小毯子或方巾
· 魔毯之旅印章小冊（見附件）
· 橡皮章及印泥
· 拼圖一個
· 一瓶泡泡糖
· 一組塑膠茶具
· 果汁及點心

事前準備

　　每一位成員皆可拿到一張以魔毯之旅印章小冊表單所複印的書，剪下四個方形，並如下列順序將四頁訂在一起：
1. 分享園地
2. 先來後到，井然有序
3. 互助合作
4. 謙遜有禮，文質彬彬

進行方式

活動帶領人以活潑的方式告訴兒童他們將進行一趟奇妙魔毯之旅，並表示在此特別行程內，他們將停留四次，而在每次停留時，小朋友都必須完成一項任務，只要任務順利達成，他們就可以得到一個印章戳記蓋在小冊子內。

組員在啟程前均坐在魔毯中（活動帶領人必須以戲劇化的效果，使得小朋友們相信，他們真的在乘坐魔毯飛翔！）。

第一站是「分享園地」，在此，兒童們必須以紙及蠟筆完成一幅圖案。蠟筆是事前就準備好、提供大家互相分享的工具，所以每一位組員都應該有使用蠟筆畫圖的機會。圖畫完成之後，活動帶領人可在每位兒童的小冊子的第一頁上面蓋章。結束後，小朋友們再次回到魔毯，並進行下一段旅程。

第二站是「先來後到，井然有序」，在此，活動帶領人將泡泡糖依序傳給每位小朋友，並要求大家輪流吹泡泡。只要小朋友們井然有序地輪流吹出了泡泡，他們的小冊子上面的第二頁就可獲蓋戳記。

全體小朋友們再次坐上魔毯後，這一次他們即將前往的是第三站「互助合作」。這一次，大家必須通力合作將拼圖完成，如果該組小朋友們無法通力合作，則活動帶領人可將拼圖移開，要求小朋友們重新開始。活動帶領人可提供建議以加速團隊合作，當拼圖完成時，每位小朋友的小冊子的第三頁便可加蓋印章。

最後，小朋友們來到終點站「謙遜有禮，文質彬彬」。在此，小朋友們用塑膠茶具為道具，輔以餅乾、果汁等等，舉辦茶會。活動帶領人必須教導小朋友有禮貌地使用下列字句：「嗨，您好嗎？」、「請把點心遞給下一位」，以及「謝謝，您的茶很好喝」等等。茶會結束時，活動帶領人便可在小冊子的最後一頁蓋上印章，小朋友們則可進行他們的回程之旅。

當小朋友回到「家」，整組成員討論他們在魔毯之旅的每一站學到了什麼。

討 論

許多兒童的社交技巧都不甚成熟，他們在友誼的形成及維繫上，缺乏信心或者技巧。本活動採用劇情想像的方式，讓小朋友們加強他們的人際關係，兒童得以利用魔毯之旅達到各個不同「目的」。以蓋印章的方式鼓勵兒童，正好強化了他們的正面行為表現；治療師並可更進一步以各種不同的道具、戲服、音樂等等，使活動本身更添趣味。

魔毯之旅印章小冊

1. 分享園地	2. 先來後到，井然有序
3. 互助合作	4. 謙遜有禮，文質彬彬

◆ 請聽我說 ◆

主題：社交技巧
建議年齡層：四至十二歲
治療模式：個人，團體
治療階段：中階

目　標

1. 加強社交技巧
2. 增進溝通技巧
3. 教授肯定而正面的表達技巧

工　具

- 錄音筆YAK BAK（YES! Entertainment Corporation的註冊商標，版權所有，經授權後使用）（注意：一般錄音帶亦可使用，但是錄音筆YAKBAK更為實用）
- 骰子一個
- 「練習」卡和「滑稽聲音」卡（見附件）
- 索引卡
- 溝通指南（見附件）
- 撲克籌碼
- 獎項

事前準備

　　將「溝通指南」拷貝到一張大紙上，並將其貼在牆壁上，以便全體組員觀看。

　　將索引卡分為兩類，一邊為「練習」卡，另一邊為「滑稽聲音」卡。將練習卡表單中適宜於此年齡層的選出，並且寫在不同的索引卡上，再將「練習卡」字樣寫在索引卡的另一邊。以第二堆索引卡當作「滑稽聲音」卡，將表單上面的每一個「滑稽聲音」選出，寫在不同的索引卡上，再於索引卡另一端寫上「滑稽聲音」字樣。

進行方式

本活動以簡短的溝通技巧總覽為開場白：

1. 活動帶領人以「你的訊息」當作例子，例如：「你沒問過我就拿走了我的玩具，你得還給我。」「你的訊息」會責怪他人，所以比較正確而又有效的，是使用「我的訊息」，例如：「當你沒有經過詢問就拿走了我的玩具時，我覺得很生氣。我比較希望你可以先經過我的允許再拿走我的玩具。」

2. 活動帶領人以下列例子來總結被動、過於挑釁，及斷然的溝通技巧：「如果有人沒有經過你的允許就拿走了你的玩具，被動的反應是什麼也不說，只是自己悶悶不樂。被動而挑釁的模式是什麼也不說，但是不給別人好臉色。挑釁的方式則是以拳腳相向來解決這件事情。斷然的方式則是有禮貌地與對方說：『這是我的玩具，如果你要向我借，我希望你能先經過我的允許。』總有一種方式是比較有禮而不咄咄逼人的。」

3. 活動帶領人以下列方式來解釋「主動聆聽」的概念：「為使兩人能夠享受在一起的時光，他們必須能夠相互聆聽。當一個人在說話時，另一個人則是不打斷或者心無旁騖地聆聽。」

關於上述的溝通技巧可以提出數個例子，兒童並且可在被徵詢之後，主動發表他們的例子，以確保他們了解這些概念。

當參與成員均了解了以上的基本溝通技巧時，便可以用下列方式來介紹YAK BAK遊戲：

參與者可輪流擲骰子，如果有人擲出雙數，他便可抽「練習」卡並大聲唸讀給其他人聽。（如本遊戲對象年齡層較低，治療師可朗誦卡片內容。）參與者必須以所抽到的情境來對著錄音筆YAK BAK說話，接著他可以聽聽看自己所說的話，然後可以重新錄下他所講的內容。如果願意，這位參與者可尋求活動帶領人或其他成員的協助，而且其他成員也可以在他成功完成他的發言之後，給予他口頭上的稱讚。如果擲出單數，他則須抽一張「滑稽聲音」卡，並把所要求的聲音錄在錄音筆YAK BAK中。其他成員則必須嘗試及猜測「滑稽聲音」。活動一直到所有成員都輪過之後為止。

為鼓勵正面行為模式，活動帶領人可在成員展現出正確的社交行為時，給予獎勵。

對於年齡較小的兒童，則可專門針對他們的聽力技巧進行練習。將成員兩兩分組，要求雙方輪流在錄音筆YAK BAK中錄下某種陳述，並由另一方重述其所錄製的內容。這些陳述必須是短而有力的，例如：「我最喜歡吃淋著熱焦糖的冰淇淋。」為使活動更加有趣，他們還可以製作音效哦！

討論

本活動使得兒童有機會增進他們的社交技巧，並適切使用錄音筆YAK BAK作為工具。透過活動的進行，兒童學習如何成為好的聆聽者、解決衝突、製造談話機會、有禮貌，並且果斷而正面地應對進退。一些必要性的規則應該先行建立，例如：「一次只能有一個人使用錄音筆YAK BAK來錄音」以及「如果嘲笑別人，那就喪失一次錄音的機會」。

活動中，治療師可以在兒童表現較不適當時介入，並予以建議，例如，若有兒童表現不當時，治療師可說：「事情好像有點兒失控了，沒有人喜歡和表現不太好的人在一起，所以我們要正確地來進行活動。」或者如果有兒童爭著使用錄音筆YAK BAK時，治療師可說：「記不記得我們是在學習如何分享及與別人好好地玩？我們應該怎麼表現才正確呢？」同時，治療師也可以讓大家參照表現較為乖巧的組別的行為模式。

在活動最後，治療師可詢問參與成員應如何將活動中所學應用到日常生活中。

練習卡
YAK BAK

你的姑姑給了你一個生日禮物，練習該如何謝謝她。

你在沙堆裡玩，練習如何和旁邊的小朋友借個鏟子。

你的姊姊借玩具給你，但你不小心弄壞了，練習如何向她道歉。

你有個朋友來家裡玩，練習如何請朋友吃你從之前的宴會帶回來的糖果。

你在玩一個新的電腦遊戲，而且你弄不清楚那些指示，練習如何向大人求助。

你在學校的考試不是考得很好，班上的其他同學都嘲笑你，練習你該如何應付這件事情，而非以暴力解決。

你受邀參加生日宴會，你並不認識裡面的任何人，練習如何與人社交。

你在班上交到一個好朋友，而且爸媽答應你邀請他到你家裡過夜，練習如何邀請他。

你去看電影的時候排隊買爆米花，但是有人推你並且還插隊，練習如何與這個人溝通以解決問題。

已經和你有約的朋友突然取消了和你的約會，然後你發現他和別人出去了，練習你該和這個朋友說些什麼以解決問題。

請自己設計一個有人以無禮的方式表達事情的情境，並且練習以有禮的方式來表達同一件事情。

你的朋友要玩一個她從來沒有玩過的遊戲，請先以老大的姿態解釋這個遊戲的進行方式，再以平和而有助益的方式來解釋一次。

滑稽聲音卡
YAK BAK

母牛	火車
貓咪	警鈴
狗狗	鈴聲
公雞	時鐘
鴨子	車子
蜜蜂	爆米花
鳥叫	某人的打呼聲
風聲	某人喝湯時唏哩呼嚕的聲音

溝通指南

可做之事	不可做之事
聆聽	打斷別人的話
注意別人所說的話	責怪
以眼神注視對方	以老大的姿態待人
使用「我的訊息」的方法	提高音量或大吼
為自己說話，但是卻不粗魯無禮	取笑他人

◆ 擁抱 ◆

主題：社交技巧

建議年齡層：四至十二歲

治療模式：團體，家庭

治療階段：中階

目　標

1. 促進正向的社交技巧

2. 教授界線及個人空間的觀念

3. 增進肯定而正面的表達技巧

工　具

· 泰迪熊貼紙

· 禮物盒

· 訊息標籤（見附件）

· 四張各含兩種不同色彩的紙張

· 黏貼性標籤

· 膠帶

事前準備

把紙張上面的訊息抄錄在各個黏貼性標籤上。

把泰迪熊貼紙放在禮物盒當中，以層層紙張將盒子包裹好，每一層給一位參與者使用，並將指示標籤貼在每一層上，最底部的一張標籤會是：「這一組的每一個人都學會了擁抱和合理的身體接觸，並且表現得很好，請把禮物打開，並且與組員分享。你可以把泰迪熊貼紙帶回家，以提醒你可以時時向你所在乎的親人與朋友要求個大擁抱。」

進行方式

組員坐成一個圓圈圈，活動帶領人高舉層層包裝的禮物盒，並且告訴大家整組都可以得到一個禮物，但在他們得到禮物之前，每個人要輪流把包裝打開，並且照著每一層上面所寫的指示進行此一活動。活動帶領人再進一步將禮物送給生日即將來臨的組員。這個小壽星把第一層打開，並且持續傳下去，直到最後一個人把紙條上面的內容讀出來為止。每一個人都可以拿到泰迪熊貼紙。

討論

這是一個簡短而又有趣的遊戲，它可使用於一連串社交技巧探討的最後一環。它所提供的是學習關於安全觸摸及個人界線的互動方法，肯定而正面的表達技巧可經由要求或婉拒擁抱而加強。這種活動對於在身體上曾遭到侵犯的兒童，以及不擅維護適當的個人界線的兒童而言，相當重要。然而，在身體上曾遭不當侵犯的兒童，不但無法忍受他人的觸摸，進行此一活動時，會表現出明顯的不安甚至恐懼。因此，本活動僅於兒童已在治療過程中，充分了解身體觸摸及其份際後進行，同樣的，如本活動參與對象曾遭性侵，僅於所有成員已在身體接觸及其份際上有顯著進步時，方可施行。治療師必須審慎評估兒童在參與此活動時，是否感到安全及舒適，並且應當在必要時予以介入及協助。

除針對兒童之外，此活動亦適用於家庭治療之範疇。家庭治療師可藉由強調個人隱私及觸摸的規範，來促進此活動的進行。本活動也可協助父母學習如何在適當的時機擁抱他們的孩子。

訊息標籤
擁抱

每個人都在學習擁抱和接觸方面表現得很好，現在打開禮物，並且與你的組員分享。把你的泰迪熊貼紙帶回家，以提醒自己時時可以向你所在乎的親人與朋友要求個大擁抱！

我們時常都需要別人的擁抱，請與你的一位組員互擁。

你可以拒絕別人的擁抱，請你練習拒絕的方法。

你可以自己給自己擁抱，請練習該如何進行。

有時我們並不喜歡別人太過接近我們，請練習與某位組員保持距離。

只要不是太過激烈的擁抱，就可以讓別人覺得很舒服，練習輕輕地給別人一個擁抱，並記得要先經過別人的允許。

只要你不去觸摸別人身體上的私密部位，擁抱便是一件令人感到相當愉快的事情，練習給別人一個擁抱，並且不要去碰觸到別人的私密部位。記得在擁抱別人之前，要先經過別人的允許哦！

擁抱是針對我們所認識並且信任的朋友所做的行為，我們不會去擁抱陌生人。練習擁抱這個團體中你所認識並且相信的人。記得在擁抱別人之前，要先經過別人的允許哦！

組員互擁的時間到了哦！請站成一個圓圈圈並且互擁。要記住哦，如果你不希望與大家擁抱，你可以選擇不要。

◆ 堆積木 ◆

主題：社交技巧

建議年齡層：七至十六歲

治療模式：團體，家庭

治療階段：中階

目　標

1. 促進正向的社交技巧
2. 鼓勵群體合作
3. 加強群體向心力

工　具

‧各種不同的木製或者塑膠製積木
‧紙張
‧膠帶
‧每位成員兩張工作單（見附件）

事前準備

　　將下列規則寫在紙張上：
1. 每人有一次機會
2. 每個人對於所有的想法都應該有禮地回應
3. 在別人完成時，每個人都應該給予這個人一些讚賞
4. 每個人都應小心地處理積木

進行方式

　　組員圍成一個圓圈而坐，其中一位組員是觀察者，活動帶領人將積木放在圓圈中間，指示該組成員以積木搭建某種東西，並且只有兩分鐘的時間。在這段時間中，觀察者在一旁默默監控眾人的互動。時間結束時，活動帶領人要求組員及觀察

者一起討論該過程，並以下列問題作為引導（以下問題可因組員年齡層不同而改變）。

是否每個人都公平參與，或者有人選擇不要共享這些積木？

大家是如何使用這些積木的？

在建造的過程中，大家的感覺如何？

群體的氣氛是什麼（例如合作或不合作）？

接著，活動帶領人將規範貼在牆壁上面，如此一來，每一位組員都可以看到這些規則，並且確定已經了解。接著，再要求大家在兩分鐘內，重新建立另外一個建築物，但這一次需要照著紙張上面的規定進行。兩分鐘過後，活動帶領人再出示上面的問題，觀察者和組員一起討論前後的積木建造有什麼不同的過程與成效，並且可以詢問一些另外的問題：

關於共同工作這件事情，你學到了什麼？

如果有人不合作，你覺得會發生什麼事情？

學習合作能夠如何在家裡和在學校裡幫助你呢？

討　論

本活動增進人際關係發展的技巧，如果是用在較不熟悉團體討論的年齡層時，較適合的方式是將過程錄下，並與兒童討論他們所觀察到的種種實況。或者可以讓組員完成工作單，並且大家一起討論各種不同的答案，如此一來，每個人都有再次反省與分享的機會。

堆積木問題討論

1. 大家是否都平和地參與活動，或者有些人不喜歡分享積木？

_____

_____

2. 大家如何使用積木？

_____

_____

3. 在堆積木的過程中，你的感受如何？（好的、壞的、受到敬重、被排除在外等）

_____

_____

4. 在群體中的氣氛如何？（合作或不合作）

_____

_____

◆「笨蛋，小矮子，迪威」糖 ◆

主題：社交技巧
建議年齡層：七至十六歲
治療模式：團體
治療階段：中階

目標

1. 促進正向的社交技巧
2. 將別人非善意嘲弄的負面作用力予以化解
3. 鼓勵群體合作
4. 加強群體向心力

工具

- 「笨蛋，小矮子，迪威」糖（NERDS®, RUNTS®, and DWEEBS® candy）（瑞士 Société des Produits Nestlé SA. 的商標，版權所有，經授權後使用）
- 索引卡
- 紙張、剪刀、膠帶等做隊章（可視情況需要使用）
- 分數表單（見附件）

事前準備

將以下資訊抄寫或複印在不同的索引卡上：

笨蛋：你受邀參加表妹的宴會，但是很多人你都不認識，你很害羞，可是你決定要冒險以及認識新的人。請角色扮演你會如何接近別人並且交新朋友。

小矮子：在放學回家的路上，你想到轉角的商店裡買個巧克力棒。在店裡，你遇到了一群來自你的學校的小朋友，其中一位是個會威脅人的小太保，他要你把身上的錢統統交出來。請角色扮演你會如何應對這樣的狀況。

迪威：學校裡的小朋友嘲笑你是個「扶不起的阿斗」和「蠢豬」，通常你都用打架的暴力方式解決，可是現在你參加了一個團體，裡面教導了你一些社交技巧，你

也學會了一些正確的口語方式來應對這種不堪的情況。請角色扮演你會如何應對這樣的狀況。

進行方式

　　所有的參與者將被分為笨蛋、小矮子和迪威三組，每一組有一張索引卡可以指出以上其中一種情況。接著，每一組要自創一個短劇，這個短劇必須有起頭、劇情和結尾。每一組派一個人當導演，另一個人將劇情寫下，其他的人必須參與演出，活動帶領人則負責記分。除了準備和排演之外，每一組必須有一個隊呼及隊章，隊章可放在頭上及手臂上。 短劇排演完成後，將在全體成員前演出，靜靜觀看的組別和不吝給予他人掌聲的組別，可以得到更高分，而且可以拿到「笨蛋，小矮子，迪威」糖。

注意：如果無法找到三種不同的糖果，則可以用其他糖果替代品取代。

討　論

　　團體治療是能夠幫助兒童變更及加強其社交技巧的方式，透過準備、排練及短劇演出，組員便有了以正面的態度與他人溝通的機會，活動帶領人也可在演練過程當中，更進一步地提出一些建言，例如：若有人以不當的方式來表演，活動帶領人可以將活動停下，並提出：「有些人沒有以尊重的態度與他人相處，大家應該用什麼方式來互動比較好呢？」活動帶領人應該可以在大家有合理表現的情況下，具體提出稱讚。

　　另外，其他的學習機會也處處可尋，活動帶領人可以針對各組提出的問題來探討，如：「今天一起排戲，你們學到了什麼？從這種和別人連結的戲劇當中，你們有什麼認知？另外，你學到了如何和別人相處嗎？」

　　除了加強社交行為之外，此一活動也同時包含了被社交行為排除在外的人的處理，沒有社交技巧的兒童通常會被其他兒童所嘲笑，此一現象會導致其負面感覺較為不佳的個人概念；然而，這種活動會鼓勵組員正面表現，並且將這種負面感覺予以解除。

分數表單

分數	笨蛋組	小矮子組	迪威組
該組人人均有參與			
該組人人均有合作			
該組人人均有仔細聽他人講解			
該組極有活力			
沒有人過度反應或反應不當			
劇情有頭有尾並具完整性			

◆ 友誼手鍊 ◆

主題：社交技巧
建議年齡層：九至十六歲
治療模式：團體
治療階段：初階，中階

目　標

1. 促進健康而正面的友情
2. 鼓勵在友情當中應珍惜的特質
3. 加強群體向心力

工　具

・友情工作單（見附件）
・友誼手鍊

事前準備

　　爲群體中的每一位成員準備工作單。

進行方式

　　群體成員將「友情」工作單塡寫完畢後，再將其回答與其他成員分享，活動帶領人接著在友誼建立、回應同儕壓力，及解決衝突等議題上，進行討論。小朋友們可研商如何創造一個具安全感及開放心胸的氛圍。接著，爲創造群體的凝聚力，活動帶領人可將友誼手鍊送給所有的人；另一種方式是整組可以製作他們自己的友誼手鍊。

討　論

　　此活動的設計是爲了讓兒童增進學習及維繫健康友誼的社交技巧。在此群體當中所呈現的實務性機會，使兒童能在一安全及受鼓勵的正面環境當中，練習及增進其社交技巧；而友誼手鍊的使用，則是爲了使兒童的歸屬感及受到群體的認同感得到回應。最終，增加兒童的社交技巧將在他們的發展上產生正面影響。

友情工作單

1. 請在下面的空格裡，寫下在你心目中，一個完美的朋友擁有的特質。如果某種特質是你也擁有的，請在那些特質旁邊打上星號。

_____

_____

_____

_____

2. 你會用什麼方法在群體中成為受歡迎的人？當你在參與群體活動時所遇到的壓力有哪些？

_____

_____

_____

_____

3. 要交朋友和維繫友誼的方法有哪些？將你的想法寫在下列空格裡。

_____

_____

_____

_____

4. 有些人會與其他朋友產生爭執，在你身上是否曾經發生這樣的事情？請舉例。並請將你認為應該如何處理這類衝突的方法寫下。

_____

_____

_____

_____

_____

第五章
自信

　　許多受情緒困擾的兒童及青少年均有著不健全的自我認知。有些孩子的自信遭受到極大的摧殘,以至於他們相信自己是「壞孩子」,並且認為自己的未來「無限黑暗」。要為這些孩子建立自信並不容易,但這卻是任何成功的治療計畫最初步的一環。本章的各種不同活動均可採用,以期孩子們能夠達到此一重要的治療目標;這些活動可用於增進孩子們的能力、提升自我價值、鼓勵較為正面的態度,並為未來注入希望。

　　為使孩子的自信能夠獲得適切的陶冶,照顧孩子的人也應該成為治療活動的其中一員,因為他們必須透過教育及訓練,以了解如何培養孩子獨特的天分,而本章的活動大都將照顧孩子的人納入活動範圍之內。

◆ 當一天的國王或皇后 ◆

主題：自信
建議年齡層：四至十歲
治療模式：團體，家庭
治療階段：中階

目　標

1. 培養自信
2. 促進正向訊息的內化

工　具

· 金色或黃色紙板　　　　　　　　· 長袍一件　　　　　· 椅子
· 裝飾品如閃閃發亮的飾物、貼紙等　· 膠帶

事前準備

　　將椅子裝飾得像一張君王的寶座。

進行方式

　　活動帶領人可向大家解釋，因為小朋友受到如國王和皇后般的對待，因此這個活動是一個相當特別的活動。首先，小朋友們可以製作及裝飾他們的紙板皇冠，接下來他們就可以輪流穿著皇冠和長袍。當每一個小朋友輪流坐上「王位」的時候，其他小朋友就向他彎腰鞠躬。在最後，大家可以用「皇室音樂」做結尾，同時在喜氣洋洋的慶典中，享受美味可口糕點。

討　論

　　使小朋友感到特別、有價值，並且受到尊重是在治療上面相當具有療效的方式；增進小朋友們的自信是在他們的治療過程中相當重要的一環，這並加強了他們的耐力及培養其達觀的信念。兒童會在被視為皇族的一員時，感到受尊重及格外的快樂。在最後的階段，則是期許兒童能夠學習接受稱許，藉以建立更正面的自我價值觀。

◆ 笑容滿面 ◆

主題：自信
建議年齡層：七至十二歲
治療模式：個人，團體，家庭
治療階段：中階

目 標

1. 鼓勵正面及樂觀的態度
2. 提升個人價值

工 具

· 「笑容滿面」遊戲（見附件）
· 幾個銅板
· 裝滿一些小禮物的袋子
· 黃色的紙板或海報板
· 黑色麥克筆
· 麥克筆或原子筆
· 膠帶

事前準備

將「笑容滿面」遊戲放大。如果需要長期使用，可採用較爲耐用的材質來製作。

將如紙盤大小的圓形畫在紙上並剪下，然後發給每一位組員——包括活動帶領人等，以黑色麥克筆在每一個圓形當中畫下一個笑臉。

進行方式

治療師先指出，如果人們有著較爲正面的態度、集中在快樂的思想之上，與做一些令他們開心的事情等等，他們就會比較快樂；治療師可對大家解釋本活動是爲

了幫大家建立比較正面的態度而設計。

　　組員圍坐一圈，並把「笑容滿面」紙板和銅板放在中間。這些銅板是遊戲的籌碼，接著介紹遊戲方式：

　　組員輪流擲銅板。擲出正面（人頭）代表銅板可以往前走一步，反面則不能前進。在每一個新的位置上，都要回答那個位置所提的問題。如果正好遇到笑臉，則將禮物袋中的禮品分送給每一位組員。活動一直進行到銅板走完全部的格子為止。

　　在活動結束時，將在紙板上面剪下的笑臉以膠帶黏在每個人的背後，並讓大家在每一個人背後寫上一些讚美的話語，然後可以留給每一位成員當作紀念。

討　論

　　本認知行為治療法是為幫助參與者改變他們的想法、行為模式及感覺。「笑容滿面」活動可以幫助兒童將正面思想內化，如此一來，便可以增進他們的自信。這也是一種強而有力的活動，因為它幫助兒童了解：一旦他們能夠聚焦於正面思想上，他們便能夠改變自己原來的負面感覺。

　　雖然這是一個促進成員將思考焦點放在正面感覺之上的活動，但不可否認的，有時候負面的感覺亦是健康及正向的。因此，在活動中，治療師應為成員建立正確的觀念：擁有正面的態度是相當重要的，但對一般人來說，不只經歷正面的感覺，經歷負面的感覺亦是相當尋常的。

笑容滿面遊戲

◆歡天喜地◆

主題：自信
建議年齡層：七至十六歲
治療模式：團體，家庭
治療階段：中階，末階

 目　標

1. 增進自信
2. 促進正面訊息的內化

工　具

· 「歡慶」工作單（見附件）
· 宴會帽子
· 六個禮物袋
· 紙做的圓錐形大聲公
· 暫時性小熊圖案刺青貼紙
· 快樂臉孔貼紙
· 骰子

· 各種宴會裝飾品
· 戰利品袋
· 六個禮物標籤
· 氣球
· 發亮的星星
· 絨球或棉球
· 宴會音樂（可視情況而定）

事前準備

　　為每個小朋友列印一份工作單，為六個不同的禮物袋做註記，如下：

1. 在一個禮物袋中放入紙做圓錐形大聲公，並在袋上貼著寫著以下文字的禮物標籤：「吹吹你的號角來顯示你有多麼以自己為傲！」

2. 在一個禮物袋中放入氣球，並在袋上貼著寫著以下文字的禮物標籤：「拿一個氣球並且開開心心地過日子吧！」

3. 在一個禮物袋中放入笑臉貼紙，並在袋上貼著寫著以下文字的禮物標籤：「拿一個笑臉貼紙來享受笑容！」

4. 在一個禮物袋中放入暫時性小熊圖案刺青貼紙，並在袋上貼著寫著以下文字的禮

物標籤：「在身上貼著一個小熊刺青，並且請隨時提醒自己，你可以向關心你的人要求擁抱。」

5. 在一個禮物袋中放入發亮的星星，並在袋上貼著寫著以下文字的禮物標籤：「拿一顆星星吧！提醒你自己是顆閃閃發光的星星！」

6. 在一個禮物袋中放入絨球或棉球，並在袋上貼著寫著以下文字的禮物標籤：「拿個絨球或棉球來讓你自己覺得舒服！」

進行方式

每個人都要寫「歡慶」工作單（但年紀小的兒童可用畫畫代替書寫式回答），完成時，治療師可請大家談論慶祝儀式的重要性，並且談論和褒獎各個組員的不同之處，活動帶領人並應向組員解釋以下的宴會遊戲步驟。

組員圍坐在一起，手上拿著自己所完成的工作單，並且在圓圈的中間放上六個不同的禮物袋，活動帶領人將宴會帽子和戰利品袋發給每位組員，以創造慶祝的氣氛。接下來，組員擲骰子並根據號碼來回答問題；例如，若組員擲出的數字是三，便回答工作單上面的第三題（令我感到好笑的一件事），接下來，所有的組員均可分享他們在第三格的答案。每答對一題，組員就可以得到一個獎品。（注意：每個問題都有它特定的獎品，因為禮物和禮物袋上面的字與工作單上的問題互有關聯。）

遊戲進行到骰子上面的數字全部出現、工作單上面的六個問題都回答完畢為止，如果在遊戲中有人擲出的是已經有人擲出的數字，那就再重擲，直到沒有人用過的數字出現為止。當所有的問題都問完且戰利品袋之中也裝滿禮物時，可播放音樂讓大家跳舞。

討論

通常治療鎖定在被治療者的問題上面，但是這個活動所注重的是兒童生活中較為快樂的部分，如此可使兒童正面思考。這個活動並且顯示慶祝不一定要有特殊名目，可以每天都有，也可以是為了生活中小小的歡樂所設計，尤其可作為鼓舞一個人的努力和其努力的成果。

歡慶工作單

1. 我所驕傲的一件事：	4. 一個關心我的人：
2. 我所喜歡做的一件事：	5. 一件我做得好的事情：
3. 一件令我感到好笑 的事：	6. 一件讓我心情愉快 的事：

◆「完美」遊戲 ◆

主題：自信
建議年齡層：七至十六歲
治療模式：個人
治療階段：中階

目標

1. 鼓勵較為正面的自言自語
2. 讓兒童不再以負面的方式來談論自己
3. 增加自信

工具

· 「完美」（PERFECTION）遊戲（PERFECTION®是Hasbro的商標，© 1999 Hasbro，版權所有，經授權後使用）
· 紙及勞作用具

進行方式

　　向大家解釋：「很多人都會默默地自己說話，這叫作自言自語，而我們常常會對自己說相同的話語，久而久之，這些就變成了我們所相信的訊息。假如我們常常告訴自己：我什麼事情都做不好，那我們可能就真的什麼都做不好。」

　　接著，大家輪流開始將自己曾經想過的話寫下來，像是：

　　我真笨。
　　我什麼事都會做錯。
　　我覺得這事情連試都不必試了。

　　治療師和兒童接著開始進行「完美」（PERFECTION）遊戲，一開始要把計時器開啟，將可彈式盤子往下壓，並讓兒童以最快的速度把盤子上的塑膠形狀填滿，同

時要重述剛剛的負面自我冥想句子。當第一回輪完時，治療師和兒童接著列出一連串正面的自言自語的語句，例如：

沒有人是完美的。

我會盡力。

如果我稍微放鬆一些，我就會做得更好。

兒童接著進行「完美」遊戲的第二輪，但這一次玩遊戲的方式是講述正面的自我冥想句子。結束之後，治療師和兒童可以討論兩種遊戲的不同——一種是針對負面的字眼，一種是針對正面的字眼。治療師可藉此機會向兒童表示，正面的冥想會幫助兒童產生自信，並且讓他們的表現更加優秀。

活動結束時，兒童可將大家提出的所有正面自我評價寫在書上，並且好好地裝飾這本「寶書」。

討　論

許多當事人傾向於以負面、非理性與缺少自信的方式來說他們自己，以上這些方式都會造成自我價值的喪失及無助的焦慮感，因此，要協助當事人將負面的說法排除，並且以快樂而自信的手法來描述自我。這種自我冥想或自言自語的實用範圍很廣，例如可用於當事人覺得沮喪、氣憤、焦慮或恐懼等等。兒童可以用練習及記憶的方式來處理自言自語的句子，那麼他們在情緒不好的時候，便可以把正面的自言自語句子拿出來使用。

◆ 彩虹的那一頭 ◆

主題：自信

建議年齡層：七至十六歲

治療模式：個人，團體，家庭

治療階段：中階，末階

目標

1. 為未來提供希望的訊息
2. 注入人類可以追尋希望及夢想的信心

工具

· 四張不同顏色、信紙大小的紙張
· 膠帶
· 一個罐子
· 巧克力做的金幣
· 禮品袋

事前準備

　　在罐子裡裝滿巧克力做的金幣，並在紙條上寫著以下的字：「如果你追尋自己的夢想、相信自己、以正面方式思考，且不放棄希望，那麼你就可以在彩虹的那一端找到裝滿金幣的罐子！」將這個紙條貼在金幣罐子上面。

　　將下列問題寫在不同的紙張上：

1. 如果你追尋自己的夢想，你就可以在彩虹的那一端找到裝滿金幣的罐子！你的夢想是什麼？你怎麼達到這樣的夢想？

2. 如果你相信自己，你就可以在彩虹的那一端找到裝滿金幣的罐子！你相信自己的哪種正面特質呢？

3. 如果你以正面方式思考，你就可以在彩虹的那一端找到裝滿金幣的罐子！你有什麼樣的正面思考內容呢？

4. 如果你不放棄希望，你就可以在彩虹的那一端找到裝滿金幣的罐子！你對自己的
　 未來抱持什麼樣的希望？

　　將四張紙以拱形、如彩虹般的方式放在地上，將金幣罐子放在彩虹末端。

進行方式

　　此活動以討論未來的夢想、希望及渴望為重點，治療師以下列方式解釋此活
動：

　　站在彩虹一開始的那一端，將問題大聲讀出來，並回答問題（如有需要，治療
師可與個案一起練習）。站在第二個格子上，並回答第二個問題，之後，以同樣的方
式進行到第三和第四個問題。回答到最後一個問題時，則可閱讀禮物袋上面的訊
息，並且得到一個小贈品！

討　論

　　治療過程裡如何讓個案感到對未來充滿希望，是很要緊的一環，本活動在感到
無望的個案身上，有其治療效果，因為他們可以看到事情是充滿轉機的。本活動並
且使人感到充滿活力，因為它所傳遞的訊息是只要能夠正面思考並且堅持，那麼，
每個人都能夠有充滿光明的未來。

◆ 你就是英雄 ◆

主題：自信
建議年齡層：九至十六歲
治療模式：個人，團體，家庭
治療階段：中階，末階

目　標

1. 增強自信
2. 灌輸人在處理人、事、物時具有其彈性的觀念
3. 提供一則關於未來的希望的訊息

工　具

· 歌曲「英雄」(Hero)，瑪莉亞‧凱莉主唱（版權為Sony Music所有）
· 錄音帶或CD播放工具
· 紙及色筆

進行方式

　　播放瑪莉亞‧凱莉的「英雄」一曲，並請兒童將眼睛閉起來，仔細聆聽當中的內容，想想歌曲所傳達的訊息。聽完歌曲之後，請小朋友們將他們聽完之後的感覺，以寫或畫的方式表達出來，並且討論歌詞的意義。

討　論

　　訓練有素的治療師可了解並願意使用音樂的治療效果。本活動所使用的音樂及後續活動能夠影響兒童的心情、刺激情緒，並且是自我認知及自信的催化劑。歌曲的主旨即每人的心中都有一個英雄，所要傳達的是兒童可以具備堅毅及能屈能伸的個性。

結業式

◆ 結業式 ◆

在協助心理創傷的兒童及青少年時，治療師必須以小心翼翼的方式來處理治療尾聲的階段。治療的結束意味著某種哀傷的過程，或是之前失落經驗的重新處理。在整個治療階段中，兒童及青少年可能經歷悲傷、憤怒、推拒，及被人拋棄的感覺，然而，治療階段的尾聲可視為一極其正面的經驗，因為兒童的進步及在治療過程中的成長，都已經過重視及強調。不論這個孩子是結束治療、完成團體諮商活動、參與學校一日治療計畫，或建議應終止治療，此最後的過程都應當包含下列的主要成分：

1. 兒童在結束治療過程上面的感覺應被合理化、受到重視，並以謹慎的態度來處理。

2. 在療程真正結束之前，治療師應該告知兒童治療將於何時及如何結束，使得兒童有必要的心理準備。

3. 兒童及其撫養者都應該被列入結業過程的考慮範圍內。

4. 在療程結束前，應讓孩童有機會描述對於治療及其結束的複雜心情，可以選擇一些活動來協助兒童表達其感覺、回溯其治療狀況，及對其所達到的成就予以褒獎。例如，小朋友可以用畫圖的方式來表達要和治療師道別的心情，或者也可以用畫圖的方式來顯示他在治療階段的進程。

5. 兒童的治療成果應予以記錄，如此一來，兒童便在其治療成就上有完整的記錄可尋，且在治療結束時，應有一永久記錄。

結業式為結束階段的歷程提供了一個主要架構，並在此治療過程的尾聲，協助營造正面且值得慶祝的氛圍。以下是一些在結業式中可以使用的不同建議：

 邀請卡

兒童可選擇欲邀請何人參與其結業式，並可與治療師共同設計邀請卡。

 結業證書

小朋友可以收到一張結業證書做紀念，該結業證書是兒童達成某種階段性目標的永恆回憶（見附錄）。

禮物袋

這個禮物袋的功能是為了表達對於小朋友認真參與的感謝之意。當兒童參與他人的生日宴會,會在結束時收到一個禮物袋,這是一種對於兒童參與宴會的感謝之意的表現,並象徵宴會的結束。禮物袋中可以裝滿各式各樣的小禮物,並在外面附上一張小卡,為兒童提供正面而充滿希望的訊息(見附錄)。

一封信

治療師可以寫一封信給小朋友,並在結業式上交給小朋友。這封信可以重新審視在療程中所達到的目標,並且稱許小朋友為正面的治療結果所做的努力(見附錄)。治療師也可以請其他對於小朋友來說重要的人寫一封信給小朋友,並在結業式中一併交給小朋友。

演講

一場沒有演講的儀式,就不算是正式的儀式了!在結業式裡面,治療師扮演著儀式主持人的角色,如果小朋友和受邀而來的賓客有意願,他們可以在儀式當中演講。

結業式照片

為結業的小朋友拍照留念,讓他(們)增添更多難忘的回憶。

訊息看板

將一個大型的海報板掛在諮商室的牆壁上面,每位結業的小朋友都可以在上面簽名;如果為了保密,小朋友們可以選擇代號或英文名字等方式簽名。如果小朋友有意願,他可以寫一個「充滿希望的訊息」給其他的小朋友,這樣的話,這些小朋友在參與他們的治療過程時,就可以看到這樣的訊息且受到鼓舞。

蛋糕

在儀式的最後,讓小朋友分享一個上面寫了恭喜及祝福的話的蛋糕。

附錄

結業證書

_____
（兒童姓名）

本結業證書是爲了表揚你的傑出表現。
我非常以你爲榮！

_____   _____
（治療師簽名）   （見證人）

_____
（日期）

信件範例

以下是我寫給一位母親因愛滋病而喪生的十歲個案的信：

親愛的貝絲：

　　我寫這封信的原因是希望妳知道，我以妳為傲！過去這一年來，妳一直相當盡心盡力，妳也有了長足的進展。

　　我還記得第一次和妳見面時，妳非常安靜，並且無法討論妳母親的死。而雖然妳相當不快樂，妳卻始終保持著笑容，因為妳不願意面對自己心中那悲傷的感覺。

　　記得在進行「坐立難安」的遊戲時，妳開始放鬆，並且願意多談一些。妳已經可以談論妳所擔憂的事情，並且抒發妳複雜的情緒。在「糖果園」的遊戲中，妳也願意談談自己的感覺；令我印象深刻的是妳如此的喜愛這個活動，並且再三請求我能夠讓妳再玩一次。每當我們又再次接觸這個遊戲時，妳就更加大方地談論著妳的感覺——當然，妳也吃了很多糖果！

　　在自我表達的歷程當中，妳的確進步了很多。記不記得妳用黏土來釋放自己不悅的感覺？在妳來找我之前，妳曾經和別的小朋友們打架，而現在一旦妳覺得生氣，妳也不再有失控的現象發生，反而使用我們在療程中所用過的方法——像是打枕頭、數到十，或者和姑姑說說話等等——來排遣自己的情緒。這真是妳極大的進步啊！

　　我們玩過很多遊戲，但是我認為「煩惱」遊戲給妳帶來了許多助益。我們在玩那個遊戲的時候，曾經談論過妳如何為母親的死亡而責怪自己，以及妳如何希望妳可以照顧母親，那麼她就不會離開這個人世；但妳只是一個小女孩，而妳的母親的病況是如此沉重！她的離開是令人難過的，但不幸的是，沒有一個人能夠拯救她的生命。我很高興這個遊戲使妳了解母親的死並非妳的錯，我也很高興妳仍在床頭保留著由那個遊戲裡面所得來的幸運銅板，這些銅板提醒著：妳並非一個不好的人，妳並且應當期盼好事的降臨。

　　當妳偶爾想到自己的母親，或當妳想與她分享妳生活當中的小故事她卻不在了，妳可能會感到悲傷，這時，哭泣並且釋放這樣的情緒是相當正常的。而且，當妳過得很快樂的時候，並不表示妳忘了自己的母親，我相信她一定很希望妳能夠快快樂樂地享受人生。

　　在妳年輕的生命中，妳已經經歷了太多生命之中的不可預期，但正是透過了這些經驗，妳成為一位更為堅強的人。貝絲，妳是一位了不起的人，妳很和善、關心人、努力向上，而且極富幽默感。如果妳的母親仍然在世，她將以妳為榮。

　　數週之前，當我們進行著「彩虹的那一頭」的遊戲時，我們討論著妳對未來的希望和夢想，關於妳想成為獸醫的這一件事，我真的覺得很與眾不同！不管妳希望做什麼，只要妳相信自己，有朝一日，妳就會達成妳的夢想！

　　貝絲，我真的很榮幸有這個機會能夠和妳一起經歷這段成長過程。對於整理自我的感覺和談論一些困難的情緒，妳都做得相當傑出。在我的「名人牆」上面掛有妳的結業式相片，而我會格外珍惜它。同時，我會記得妳可愛的笑聲，和將引領妳到一個充滿希望的未來的、閃閃發亮的雙眼。

　　誠摯地祝福妳！

李安娜

禮物袋樣品

　　我把下面這個禮物袋當作給我一位十四歲女性個案的結業式禮物，如有需要，你也可以參照這個禮物袋的作法。

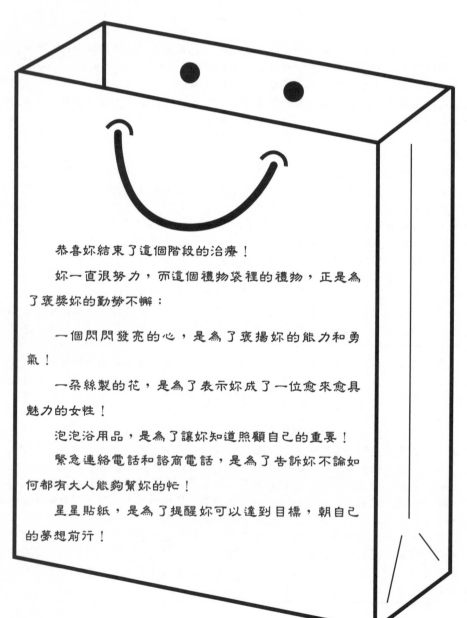

恭喜妳結束了這個階段的治療！

妳一直很努力，而這個禮物袋裡的禮物，正是為了褒獎妳的勤勞不懈：

一個閃閃發亮的心，是為了褒揚妳的能力和勇氣！

一朵絲製的花，是為了表示妳成了一位愈來愈具魅力的女性！

泡泡浴用品，是為了讓妳知道照顧自己的重要！

緊急連絡電話和諮商電話，是為了告訴妳不論如何都有大人能夠幫妳的忙！

星星貼紙，是為了提醒妳可以達到目標，朝自己的夢想前行！

參考文獻（專業人士用）

兒童發展

Davies, D. (1999). *Child development: A practitioner's guide*. New York: Guilford Press.

Mahler, M. (1975). *The psychological birth of the human infant*. New York: Basic Books.

Miller, A. (1981). *The drama of the gifted child: The search for the true self*. New York: Basic Books.

Neubauer, P. (ed.) (1976). *The process of child development*. New York: Meridian.

Piaget, J. (1970). "Piaget's theory." In P.H. Mussen (ed.), *Carmichael's manual of child psychology*. New York: Wiley.

Pine, F. (1985). *Developmental theory and clinical process*. New Haven: Yale University Press.

兒童管理

Barkley, R. (1987). *Defiant children: A clinician's manual for parent-training*. New York, NY: The Guilford Press.

Cline, V. (1980). *How to make your child a winner, 10 keys to rearing successful children*. Walker Publishing Co., Inc.

Coloroso, B. (1994). *Kids are worth it*. Toronto: Somerville House Publishing.

Dreikurs, R. (1972). *Coping with children's misbehavior*. New York: Hawthorn Press.

Gordon, T. (1970). *Parent effectiveness training*. New York: Wyden.

心理病理學及創傷

Anthony, E.J. and Cohler, B.J. (eds.) (1987). *The invulnerable child*. New York: The Guilford Press.

Bolby, J. (1982). *Attachment and loss (Vol.1): Attachment*. New York: Basic Books.

Bolby, J. (1983). *Attachment and loss (Vol.2): Separation (Rev. ed.)*. New York: Basic Books.

Brandon, N. (1967). *The psychology of self-esteem*. New York: Bantam.

Brohl, K. (1996). *Working with traumatized children: A handbook for healing*. Washington, DC: CWLA Press.

Bynner, J.M., O'Malley, P.M., and Bachman, J.G. (1981). "Self-esteem and delinquency revisited." *Journal of Youth and Adolescence*, 10, 407-441.

Carlson, E.B. (1997). *Trauma assessments: A clinician's guide*. New York: The Guilford Press.

Eth, S. and Pynoos, R. (eds.)(1985). *Post traumatic stress disorder in children*. Washington, DC: American Psychiatric Press.

Hindman, J. (1989). *Just before dawn*. Ontario, Oregon: AlexAndria Associates.

James, B. (1994). *Handbook for treatment of attachment-trauma problems in children*. New York: The Free Press.

Johnson, K. (1989). *Trauma in the lives of children*. Claremount, CA: Hunter House.

Kernberg, P. and Chazan, S.E. (1991). *Children with conduct disorders: A psychotherapy manual*. New York: Basic Books.

Kordich-Hall, D. (1993). *Assessing child trauma*. Toronto: The Institute for the Prevention of Child Abuse.

Littner, N. (1960). The child's need to repeat his past: Some implications for placement. *Social Service Review*, 34, 128-148.

Monahon, C. (1993). *Children and trauma: A parent's guide to helping children heal*. New York, NY: Lexington Books.

Paul, H.A. (1995). *When kids are mad, not bad*. New York: Berkley Books.

Rubin, L. (1996). *The transcendent child: Tales of triumph over the past*. New York, NY: Basic Books.

Terr, L.C. (1990). *Too scared to cry: Psychic trauma in childhood*. New York: Harper and Row.

Van Der Kolk, B. A. (1987). *Psychological trauma*. Washington, DC: American Psychiatric Press.

Wolin, S. and Wolin, S. (1993). *The resilient self: How survivors of troubled families rise above adversity*. New York: Villard Books.

戲劇治療及精神治療

Barnes, M. (1991). "Endings." *Playground*. Winter, p.8.

Burns, M. (1993). *Time in: A handbook for child and youth care professionals*. Canada: Burns-Johnston Publishing.

Crisci, G., Lay, M., and Lowenstein, L. (1997). *Paper dolls & paper airplanes: Therapeutic exercises for sexually traumatized children*. Charlotte, NC: Kidsrights Press.

Dodds, J.B. (1985). *A child psychotherapy primer: Suggestions for the beginning therapist*. New York: Human Sciences Press.

Duphouse, J.W. (1968). "Music Therapy: A valuable adjunct to psychotherapy with children." *Psychiatric Quarterly Supplement*, 42(1), 75-78.

Fox, E., Nelson, M., and Bolman, W. (1969). "The termination process: A neglected dimension in social work." *Social Work*, 14(4), 53-63.

Gibson, R.L. (1993). *Counseling in the elementary school*. New York: Allyn & Bacon.

Gil, E. (1991). *The healing power of play*. New York: The Guilford Press.

Gondor, E.I. (1954). *Art and play therapy*. New York: Doubleday & Company Inc.

James, B. (1989). *Treating traumatized children*. Lexington, MA: Lexington Books.

James, O. (1997). *Play therapy: A comprehensive guide*. New Jersey: Jason Aronson Inc.

Kaduson, H.G., Cangelosi, D., and Schaefer, C.E. (eds.) (1997). *The playing cure: Individualized play therapy for specific childhood problems*. Northvale, NJ: Jason Aronson Inc.

Korman, S. and Stechler, G. (1985). *Making the jump to systems: The handbook fo adolescent and family therapy*. New York: Gardner Press.

Lazarus, A. (1981). *The practice of multimodal therapy*. New York: McGraw-Hill.

Lockwood, J. (1973). "Psychodrama: A therapeutic tool with children in group play therapy." *Group Psychotherapy & Psychodrama*, 26(3-4), 53-67.

Lowenstein, L. (1995). "The resolution scrapbook as an aid in the treatment of traumatized children." *Child Welfare*, 74(4), 889-904.

Lowenstein, L. (2002). *More Creative Interventions for Troubled Children and Youth*. Toronto: Champion Press.

Lubimiv, G.P. (1994). *Wings for our children: Essentials of becoming a play therapist*. Burnstown, ON: General Store Publishing House.

Moustakas, Clark E. (1992). *Psychotherapy with children: The living relationship*. Greely, CO: Carron Publishers.

Naumberg, M. (1973). *An introduction to art therapy*. New York: Teachers College Press.

Oaklander, V. (1988). *Windows to our children*. Highland, NY: The Center for Gestalt Development.

Rubin, J. (1984). *Child art therapy*. New York: Van Nostrand Reinhold Company.

Schaefer, C.E. (1981). *The therapeutic use of child's play*. New York: Jason Aronson.

Schaefer, C.E. and O'Connor, K.J. (eds.) (1983). *Handbook of play therapy*. New York: John Wiley & Sons.

Schaefer, C.E. and Reid, S.E. (eds.) (1986). *Game play: Therapeutic use of childhood games*. New York: John Wiley & Sons.

Stern, J.B. and Fodor, I.G. (1989). "Anger control in children: A review of social skills and cognitive behavioral approaches to deal with aggressive children." *Child and Family Behavior Therapy*, 11, 1-20.

團體治療

Corder, B.F. (1994). *Structured adolescent psychotherapy groups*. Sarasota, FL: Professional Resource Press.

Corey, G. and Corey, M.S. (1977). *Groups: Process and practice*. Monterey, CA: Brooks-Cole.

Lennox, D. (1982). *Residential group therapy for children*. London: Tavistock Publications.

Northen, H. (1988). *Social work with groups*. New York: Columbia University Press.

Rose, S. and Edleson, J. (1987). *Working with children and adolescents in groups*. San Francisco: Jossey-Bass Publishers.

Yalom, I. (1975). *The theory and practice of group psychotherapy*. New York: Basic Books.

參考文獻（兒童用）

感覺

Bennett Blackburn, L. (1991). *I know I made it happen*. Centering Corporation. (Ages 6-12)

Best, A. (1989). *That makes me angry!* Racine, WI: Golden Books. (Ages 4-8)

Hazen, B. (1992). *Even if I did something awful*. Toronto: Maxwell MacMillan, Canada. (Ages 6-12)

Herzfeld, G., and Powell, R. (1986). *Coping for kids*. West Nyack, NY: The Center for Applied Research in Education. (Ages 8 and up)

社交技巧

Berenstein, S., and Berenstein, J. (1982). *The berenstein bears get in a fight*. New York: Random House. (Ages 4-8)

Booth, Z. (1987). *Finding a friend*. Mount Desert, ME: Windswept. (Ages 4-10)

Goffe, T. (1991). *Bully for you*. New York: Child's Play. (Ages 8-12)

Powell, R. (1990). *How to deal with friends*. Mahwah, NJ: Troll. (Ages 4-8)

Scott, S. (1986). *How to say no and keep your friends*. Amherst, MA: Human Resource Development Press Inc. (Ages 10 and up)

Terrell, R. (1992). *A kid's guide to how to stop violence*. New York: Avon. (Ages 10 and up)

自信

Bannatyne-Cugnet, J. (1993). *Estelle and the self-esteem machine*. Red Deer Alberta: Red Deer College Press. (Ages 6-12)

Johnson, J. (1991). *Celebrate you: Building your self-esteem*. Minneapolis: Lerner. (Ages 10 and up)

Loomans, D. (1993). *The lovables in the kingdom of self-esteem*. Tiburon, CA: H.J. Kramer, Inc. (Ages 4-10)

Palmer, P. (1989). *Teen esteem*. San Luis Obispo, CA: Impact Press (Ages 12 and up)

可用資源

糖果店

巧克力金幣（如DWEEBS®、NERDS®、RUNTS®）

文具店及一般大型賣場

黏貼性圓點、標誌用紙、銅罐、卡片、黏土、色紙、著色用品、信封、黏貼性標籤、發亮裝飾品、索引卡、日記或筆記本、毛絨絨的球、海報紙、剪刀、貼紙、膠帶、衛生紙或面紙、骰子、宴會裝飾用具、氣球、禮物袋、邀請卡、宴會用帽、音效產品、遊戲組合、泡泡糖、積木、飛鏢遊戲、紀念手鍊、著色筆、塑膠茶具組、塑膠印章組、壓力球、填充玩具、刺青貼紙……等等。

譯後語

　　本書作者為加拿大人，成書時間在九○年代。不同的社會文化背景，迥異的時代落差，使得本書看來似乎像是老掉牙的唱片。

　　然而，果真如此？

　　以台灣而言，在這個少子化的時代，對於兒童及青少年教育上尺度的拿捏，似乎更顯重要，也因為有些人往往對於兒童及青少年過度保護，有時恰好造成他們無法在適當的時機，獲得適當的輔導。

　　對於諮商輔導等相關專業人員而言，在諮商與輔導的過程之中，又往往給人刻板嚴肅的制式印象，是以在兒童及青少年情緒受創時，是否一定會尋求諮商輔導相關專業人員的協助，亦為未知。

　　本書作者不僅考慮到兒童及青少年的立場，亦考慮到諮商輔導等相關專業人員的立場，以理論基礎為其雄厚後盾，將治療法以輕鬆愉快而又帶有鼓勵性質的手法，予以平實呈現。在這個理論被過度強調時使人食之無味、實務被過度濫用時使人棄之可惜的矛盾時代，本書可說是為兒童及青少年心理創傷的復原，指引了一條康莊大道。

　　因為時空的相隔而於今日始有中譯本問世，並不代表它是陳腔濫調；在不同的年代裡做不同的省思，正可彌補那滄海桑田的遺珠之憾。

國家圖書館出版品預行編目資料

創意式遊戲治療──心理創傷兒童及青少年的輔導／
Liana Lowenstein 著；王晧璞譯. --初版. -- 台北
市：心理, 2009.1
　　面；　公分. --（心理治療系列；22104）
　　譯自：Creative interventions for troubled children
and youth

ISBN 978-986-191-227-1（平裝）

1.遊戲治療　2.心理治療

178.8　　　　　　　　　　　　　　　　97025245

心理治療系列 22104

創意式遊戲治療──心理創傷兒童及青少年的輔導

作　　者：Liana Lowenstein
譯　　者：王晧璞
責任編輯：晏華璞
執行編輯：林汝穎
總 編 輯：林敬堯
發 行 人：洪有義
出 版 者：心理出版社股份有限公司
地　　址：231026 新北市新店區光明街 288 號 7 樓
電　　話：(02) 29150566
傳　　真：(02) 29152928
郵撥帳號：19293172　心理出版社股份有限公司
網　　址：https://www.psy.com.tw
電子信箱：psychoco@ms15.hinet.net
排 版 者：辰皓國際出版製作有限公司
印 刷 者：辰皓國際出版製作有限公司
初版一刷：2009 年 1 月
初版六刷：2021 年 8 月
I S B N：978-986-191-227-1
定　　價：新台幣 150 元